키워드로 쉽게 푸는
요한계시록 강해

이기는 자가 되라

| 이재문 지음 |

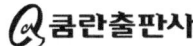

곧 오실 그리스도 예수를 맞이할 신부가 되라!
완전한 신부가 되라! 끝까지 깨끗함을 지키는 신부가 되라!

키워드로 쉽게 푸는
요한계시록 강해

이기는 자가 되라

 **머리말**

키워드로 푸는 요한계시록은 과연 어떤 책일까?

요한계시록에 대한 책들은 이미 많이 나와 있다. 그래서 아마도 '특별히 또 다른 책을 낼 필요가 있을까?'라고 생각할 것이다. 아니면 '어느 목사의 설교집에 불과하겠지'라고 생각할 것이다.

그동안 요한계시록에 대한 연구를 하면서 성경 주석이나 여러 강해서들을 보아도 '이거다!'라고 쉽게 정리를 하기가 어려웠다. 그래서 자신 있게 요한계시록을 가르치거나 설교할 용기가 나지 않았다. 그렇다고 내 자신이 분명하게 정립이 안 된 상태에서 어떤 특정인이 해석해 놓은 책으로 강의하는 것도 꽤나 망설여졌다.

그러던 중 키워드를 중심으로 성경을 보게 되면서 요한계시록이 너무 쉽게 다가오게 되었다. 요한계시록뿐만 아니라 성경의 다른 책들의 난해한 구절이나 그 책의 전체적인 의도들을 파악하는 은혜를 누리게 되었다. 그리고 여기에 그치지 않고 자신 있게 목회자들을 돕는 사역을 하게 되었다.

이 책은 복잡하지 않으면서도 쉽게 그리고 지금까지 제대로 풀어 주지 못한 부분을 지극히 성경에 입각하여 그 답을 간단하고도 분명하게 제시하고 있다.

아무쪼록 바라기는 주의 자녀들이 이 책을 읽음으로써 다시는 이단에 빠지는 일이 없기를 바란다. 더 나아가 모든 주의 종들이 강단에서 자신 있게 요한계시록을 전하고 가르치는 일들이 활발히 일어나기를 기대한다.

더욱 중요한 것은 주님을 사랑하고 간절히 사모하는 주의 신부 된 자들이 끝까지 정절을 지킴으로 주님을 맞이할 수 있기를 간절히 바란다.

2016년 5월

키워드설교아카데미

이재문 목사

CONTENTS

머리말 ··· 4

교회여! 제발 눈을 뜨라! | 9

요한계시록은 쉽다 | 37

이기는 자가 되라 | 45

교회를 향한 주님의 마지막 편지(1:1-8) | 51

교회여! 완전하라(1:9-3:22) | 56

심판하시는 하나님과 어린 양께 경배하라!(4:1-5:14) | 69

1차 재앙(6:1-17) | 72

십사만 사천(7:1-17) | 76

2차 재앙(8:1-9:21) | 87

마지막 재앙 전에 일어날 일 7년 대환난(10:1-13:18) | 91

마지막 재앙(14:1-18:24) | 117

하나님 나라(19:1-22:5) | 136

마지막 말씀(22:6-21) | 156

부록(교재) | 161

키워드로 쉽게 푸는 요한계시록 강해

교회여!
제발 눈을 뜨라!

성경에서 가장 강조하는 단어가 뭘까?

예수 그리스도다. 성경은 예수 그리스도에 대하여 기록해 놓았다. 창세기부터 요한계시록까지 모두 예수 그리스도가 중심이다.

창조 이야기 속에도, 노아 홍수 이야기 속에도, 족장들의 이야기 속에도, 열왕들의 이야기 속에도, 선지자들의 이야기 속에도, 사도들의 이야기 속에도….

그래서 요한계시록에서 예수님은 자신을 이렇게 표현하신다.

"나는 알파와 오메가라. 시작과 끝이라."

성경에서 또 강조하고 있는 중요한 단어가 있다.

하나님의 아들을 '믿는 것'과 '아는 일'이라는 단어다.

사도 베드로는 이것을 '은혜'와 '지식'으로 표현하고 있다. 사도 요한은 '믿음'과 '사랑'으로 말하고 있다. 사도 바울은 하나님의 아들을 '믿는 것'과 '아는 일'에 하나가 되어 온전한 사람이 된다고 강조한다.

여기서 우리는 '믿는 것'과 '아는 일' 즉 '믿음'과 '앎', '믿음'과 '사랑'은 떨어질 수 없는 것임을 알게 된다. 이것은 성경의 핵심인 언약 또는 계명과 연결된다.

우리는 '믿음'이 중요하다는 것을 잘 알고 있다. 기독교 역사 가운데 가장 강조해 온 것이 '믿음'이었다. 지금도 마찬가지다.

그러나 우리가 놓친 것이 있다. 소홀히 여겨온 것이 있다. 바로 '그리스도 예수를 아는 지식', '그리스도 예수의 명령을 아는 일', '그리스도 예수의 계시를 아는 일'이다.

우리의 구원관에서 '믿음'과 '지식', 둘 중에 하나를 놓치면 크나큰 위험을 갖게 된다.

사도 바울이나 사도 베드로, 사도 요한이 공통적으로 강조한 것이 바로 '지식' 곧 '앎'이다. 하나님의 아들 그리스도를 아는 지식이다.

"영생은 곧 유일하신 참 하나님과 그가 보내신 자 예수 그리스도를 아는 것이니이다"(요 17:3).

"무엇이든지 내게 유익하던 것을 내가 그리스도를 위하여 다 해로 여길 뿐더러 또한 모든 것을 해로 여김은 내 주 그리스도 예수를 아는 지식이 가장 고상하기 때문이라"(빌 3:7-8).

"오직 우리 주 곧 구주 예수 그리스도의 은혜와 그를 아는 지식에서 자라가라 영광이 이제와 영원한 날까지 그에게 있을지어다"(벧후 3:18).

"그 안에는 지혜와 지식의 모든 보화가 감추어져 있느니라"(골 2:3).

여기서 잠깐, 꼭 짚고 넘어가야 할 것이 있다.

그것은 다름 아닌 '지식에 대한 부정적 사고'다. 많은 그리스도인들이 하나님의 지식 곧 하나님의 말씀을 아는 일에 대하여 소홀히 여기거나 터부(taboo)시하는 경향이 있다.

어떤 이들은 말씀만 강조하면 교만해진다고 함부로 말을 내뱉는다. 이러한 사고는 몹시 잘못된 생각이다. 오히려 하나님 앞에 회개해야 할 문제다.

성경 그 어느 곳에도 말씀을 강조하면 교만해진다는 말씀이 없다.

오히려 하나님께서 끊임없이 강조하고 강조하는 것이 말씀이다. 잠언서에서는 "지식이 없는 자가 악인이요 멸망할 자"라고 가르친다.

하나님은 지식의 하나님이시다(삼상 2:3; 시 94:10). 성령도 지식의 영이시다(사 11:2).
성경은 하나님 백성의 대표적 표징을 이렇게 표현하고 있다.

> "너희는 지켜 행하라 이것이 여러 민족 앞에서 너희의 지혜요 너희의 지식이라 그들이 이 모든 규례를 듣고 이르기를 이 큰 나라 사람은 과연 지혜와 지식이 있는 백성이로다 하리라"(신 4:6).

그리스도인은 이 세상에서 유일한 지혜가 있는 백성이요 지식이 있는 백성임을 알아야 한다.
이스라엘이 멸망했던 이유도, 자신들이 그렇게 기다리고 사모했던 메시아인 그리스도 예수를 십자가에 못 박았던 이유도 바로 지식이 없어서였다(행 3:17; 롬 10:2).

오늘의 한국교회는
'삶이 없는 그리스도인',

'예수가 없는 그리스도인',

'모양과 형식만 가득한 교회',

'선함이 상관없는 구원관을 지닌 교회'이다.

이렇게 된 가장 큰 이유는 하나님 말씀의 지식화가 되어 있지 않기 때문이다. 그리고 말씀의 의식화가 되어 있지 않기 때문이다.

그래서 사도 베드로는 이것을 강조하고 있다. 사람들이 멸망하는 이유 곧 지옥의 형벌을 향해 가는 근본적 원인을 '무식함'과 '굳세지 못함'에 있다고 상기시키고 있다.

무식함은 '지식화의 중요성'을 말해 준다. 또한 굳세지 못함은 '의식화의 중요성'을 알려 주는 것이다.

말씀의 '지식화'와 '의식화'는 말씀을 아는 일과 그 아는 말씀을 기억하는 일을 통해서 이뤄진다. 사도 바울은 이것을 '지식'과 '총명'이라고 말씀하고 있다. 총명이란 '기억하는 힘'이다.

대표적인 예로 누가복음 24장을 살펴보면, 모든 사람들이 예수님의 부활을 전혀 모르고 있었다. 또한 믿지도 않았다. 오히려 시체가 없어짐에 대해 근심하고 놀라기만 했다. 그들은 다른 사람이 아닌, 예수님을 매우 사랑했던 사람들이었다. 그들은 예수님의 공생애 동안 생사고락을 함께 했던 사람들이었다. 그럼에도 불구하고 아무도 예수님의 부활을 몰랐으며 부활하신 주님을 계속 의심하였다.

그 이유가 바로 다름 아닌 지식의 문제였다. 좀 더 자세히 말한다면 앎이 기억되지 않았기 때문이었다.

그래서 누가는 말씀이 얼마나 중요한지, 그리고 그 말씀을 기억하는 일이 얼마나 중요한지 강조하고 있다.

"여기 계시지 않고 살아나셨느니라 갈릴리에 계실 때에 너희에게 어떻게 말씀하셨는지를 기억하라"(눅 24:6).

"그들이 예수의 말씀을 기억하고"(눅 24:8).

"또 이르시되 내가 너희와 함께 있을 때에 너희에게 말한바 곧 모세의 율법과 선지자의 글과 시편에 나를 가리켜 기록된 모든 것이 이루어져야 하리라 한 말이 이것이라"(눅 24:44).

오늘의 한국교회는 온통 이단 신천지에 몸살을 앓고 있다. 온 세상이 신천지 천지가 된 기분이다. 예수님 천지가 되어야 할 교회가 이만희 천지가 되어 있다. 요즘 교회에 들어서면 가장 눈에 띄는 것이 있다. 바로 신천지 출입금지 스티커다.

수십 년간 주일학교 교사로 섬겼던 어떤 권사님이 신천지에 빠졌다. 명문대를 다니며 C.C.C 활동도 하던 청년이 신천지에 빠졌다. 이뿐 아니다. 이단 연구 및 이단 전문 상담을 하시는 분의 이야기를 들으니 상당수의 목사들도 신천지에 빠졌다고 한다.

왜 한국교회가 이렇게까지 된 걸까?
신천지로 빠지는 가장 큰 이유가 있다. 바로 하나님 말씀에 대한 결핍이다. 한국기독교역사학회는 제328회 학술대회에서 '신천지 신자들의 개종 요인에 관한 연구'를 발표하면서 말씀의 결핍에 의한 개종을 가장 큰 이유로 꼽았다. 기성교회 목회자들이 너무나 뻔한 설교를 반복하거나 성경에 근거를 두지 않은 세상 이야기를 나열함으로 성도들이 성경을 보면서 갖는 의문점 또는 궁금증을 해결해 주지 못함에서 온 것이라고 분석했다.

이단들의 공통점이 대부분 요한계시록을 가지고 영혼사냥을 한다는 점이다. 기성교회의 말씀의 결핍과 무지함을 악용한다. 특별히 요한계시록에 대한 기존 교회의 지식의 부족함이나 일원화 되어 있지 않은 해석들을 엿보고 악용하고 있는 것이다.

뿐만 아니라 현재 한국교회는 사사시대에 못지않은 '온전한 지도자의 부재'와 '성도들의 자기 소견에 옳은 대로의 신앙'이 만연하고 있기 때문이다. 이 모두가 지식의 문제요 교육의 문제다.

"내 백성이 지식이 없어 망하는도다"라고 외치는 호세아 선지자의 음성이 들려온다.

계속 젖만 주고 있으니 자라지 못하고 어린아이 모습만 하고 있는 한국교회!

지식이 너무 없어 이겨 나갈 힘이나 경건의 능력도 없어 계속 휘둘리는 한국교회!

이제는 좀 자랐으니 수준에 맞는 양식을 먹기 위해 여기저기 헤매는 한국교회!

그러니 틈을 보고 있던 이리가 양의 탈을 쓰고 순진한 교인들을 낚아채 가고 있는 것이다. 뿐만 아니라 어리석은 목회자들까지 빠져 들고 있는 것이다.

"때가 오래되었으므로 너희가 마땅히 선생이 되었을 터인데 너희가 다시 하나님의 말씀의 초보에 대하여 누구에게서 가르침을 받아야 할 처지이니 단단한 음식은 못 먹고 젖이나 먹어야 할 자가 되었도다"(히 5:12).

어느 때까지 이단에 대하여 연구하고 공부하며 그 일에서 헤매야 되는가? 이제 거짓 가르침과 잘못된 신앙에서 벗어나 분명하고도 올바른 신앙을 갖기를 소망한다.

모든 교회가 주의 말씀을 바로 배우고자 하는 열심이 일어나야 한다. 그러기 위해서는 먼저 주의 종들이 말씀의 전문가가 되어야 한다. 모든 신학교와 교단들은 말씀의 전문가가 되지 않은 이들을 주의 종으로 배출해서는 결코 안 된다. 그리고 성도들은 말씀을 바로 가르치지 않은 교회에 그냥 다녀서는 안 된다.

특별히 시한부 종말론에 빠져 있는 이들이여! 다시 오실 우리 주 예수님은 온 세상 모두가 알게 오신다. 누구는 알고 누구는 모르게 오시지 않는다.

거짓 선지자나 거짓 그리스도에게 속지 말라. 성경을 자세히 살펴보라. 가르치는 자들의 말을 그대로 믿지 말고, 특히 성경을 여기서 한 절 저기서 한 절 뽑아서 읽는 것을 조심하라.

> "그때에 사람이 너희에게 말하되 보라 그리스도가 여기 있다 혹은 저기 있다 하여도 믿지 말라 거짓 그리스도들과 거짓 선지자들이 일

어나 큰 표적과 기사를 보여 할 수만 있으면 택하신 자들도 미혹하리라 보라 내가 너희에게 미리 말하였노라 그러면 사람들이 너희에게 말하되 보라 그리스도가 광야에 있다 하여도 나가지 말고 보라 골방에 있다 하여도 믿지 말라 번개가 동편에서 나서 서편까지 번쩍임 같이 인자의 임함도 그러하리라 주검이 있는 곳에는 독수리들이 모일 것이니라 그날 환난 후에 즉시 해가 어두워지며 달이 빛을 내지 아니하며 별들이 하늘에서 떨어지며 하늘의 권능들이 흔들리리라 그때에 인자의 징조가 하늘에서 보이겠고 그때에 땅의 모든 족속들이 통곡하며 그들이 인자가 구름을 타고 능력과 큰 영광으로 오는 것을 보리라"(마 24:23-30).

기독교 역사에서 중심 인물로 두 사람을 꼽으라면 루터와 칼빈이다. 지금까지의 개신교 신앙의 근간은 이 두 사람에 의해서 흘러왔다고 말할 수 있다.

특별히 칼빈은 기독교의 신앙에 큰 영향을 끼쳤다. 나도 그의 영향을 많이 받은 사람이다.

그런데 한 가지 아쉬움이 있다. 그것은 지금껏 탈도 많고 말도 많은 요한계시록을 주석해 놓았더라면 하는 아쉬움이다.

칼빈은 왜 요한계시록을 주석하지 않았을까?

칼빈은 신약에서 요한계시록과 야고보서만 주석을 쓰지 않았다. 구약에서는 사무엘서와 에스겔서를 다 쓰지 못했다. 그 뛰어난 석학이요 달변가였던 칼빈이 왜 하필 요한계시록과 야고보서 그리고 에스겔서를 쓰지 않았는지 생각해 본다. 많은 사람들의 의견이 분분하다.

시간적 여유가 없었을까? 아니면 조심스러워서였을까? 그런데 한 가지 놀라운 사실은 요한계시록을 읽지도 못하게 했다는 사실이다. 요한계시록은 서두에 들어가자마자 읽는 자가 복이 있다고 말씀하고 있는데 말이다. 해석은 안 했거나 못 했다 하더라도 적어도 읽게는 해야 하지 않은가? 왜 못 읽게 했을까? 한번 생각해 보라. 이해가 안 간다. 어떤 이들은 워낙 겸손하여서 그랬을 것이라고 말하기도 한다.

그러나 내가 생각하기에는 신학적 한계요, 시대적 한계였다고 본다. 그의 신학은 전체를 균형 있게 말하는 것 같지만 치우침이 있었음을 엿볼 수 있다. 그는 하나님 중심, 하나님의 절대주권사상을 강조했다. 루터와 마찬가지로 오직 믿음을 강조했다.

루터는 칼빈보다 더 심했다. 요한계시록과 야고보서를 성경에서 빼야 한다고까지 했다. 아마도 요한계시록에 대한 태도가 부족했던 것 같다. 그것은 그 시대적 상황에서의 한계였던 것 같다.

우리 개신교는 500년이 넘도록 이 두 사람의 신학사상에 갇혀 살아왔다 해도 과언이 아니다. 우리는 그들의 신학을 이해할 때 시대적, 상황적 배경을 간과해서는 안 될 것이다. 일명 상황신학적 카테고리를 벗어나지 못한 것으로 사료된다.

보수 개혁주의에서는 상황신학을 거의 받아들이지 않지만 다른 곳에서는 상황신학을 배우기도 하고 주장하기도 한다. 우리는 상황신학뿐만 아니라 조직신학, 역사신학 등 모든 신학의 한계점을 알아야 한다. 다시 말해서 신학이 모두 정답이 될 수 없다는 말이다. 왜냐하면 신학을 모두 무조건 정답으로 하게 되면 어떤 신학을 했느냐에 따라 성경 해석이 달라지기 때문이다.

그러므로 보수주의나 자유주의도, 칼빈주의나 알미니안주의도 무조건 자신들의 주장만 옳다고 하면 안 된다. 그 나름대로의 주장이 옳다 해도 모두 한계점을 지니고 있다는 것을 겸손히 인정해야 한다.

모두 어딘가 모르게 치우침이 있다. 극단주의는 치우침에서 온다. 좀 더 솔직하게 말한다면 개혁주의는 지금까지 '사람을 로봇으로' 만들어 버렸고, 알미니안주의는 지금까지 '하나님을 로봇으로' 만들어 버린 우가 있음을 인정해야 한다.

그래서 성경에서는 어떤 주의, 이념, 이론 등을 최고의 장애물로 여기고 있다.

예수님 당시에도 하나님에 대한 대표적인 두 가르침이 있었다. 바리새주의와 사두개주의다. 이 시대의 보수주의와 자유주의 또는 칼빈주의와 알미니안주의와 흡사한 점이 없지 않아 있다.

우리는 구원관을 확실히 해야 한다. 지금까지 우리 개신교의 구원관은 믿음만을 강조해왔다. 선행에 대해서는 강조하지 않았다. 이것이 우리 개신교의 역사다. 오직 믿음만 강조해 왔다.

'오직 믿음으로 구원받는다'는 것은 맞는 말이다. 그러나 중요한 것을 간과하고 있다. 성경이 말하는 구원관은 믿음과 선행이 떨어질 수 없다는 것을 말한다. 믿음과 선행은 이원화해서도 안

되고 그중 한 가지를 소홀히 여겨도 잘못된 것이다.

얼마 전 로마 교황이 한국을 방문하여 강론한 것이 무엇이었는가? 선행이다. 선행을 강조하다 보니 무신론자도 선을 행하면 구원을 받는다는 말을 했다. 가톨릭의 구원관을 그대로 엿볼 수 있다. 선행을 강조해서 문제가 아니라 오직 믿음이라는 것을 빼먹은 것이다. 정작 저들은 인간이 예수님을 믿어야 선을 행할 수 있다는 것을 알지 못하고 있는 것이다.

사람들 중에는 기독교인이 아님에도 선한 삶을 사는 사람이 있다. 세상은 선하다고 하지만 사실 그 속에는 악이 있다. 선하게 보이는 것과 선한 것은 차이가 있다. 하나님 외에는 선하지 않다. 믿음은 하나님으로 사는 것이다. 하나님으로 사니 선함이 나타나는 것이다. 믿음과 선행은 하나다.

마가복음 10장에서 한 관원이 예수님께 "선한 선생님이여"라고 말할 때 예수님은 그에게 "어찌하여 나를 선하다 일컫느냐 하나님 한 분 외에는 선한 이가 없느니라"고 말씀하신다.

그 관원은 어려서부터 계명을 지켰다. 그는 선한가? 선하지 않은가? 그 관원은 자신이 선하다고 생각하고 있었다. 그런데 얼마 못 가서 선하지 않음이 드러나지 않았는가? 바로 재물이 그의 장애물이었다.

예수님은 그에게 이렇게 말씀하신다. "네게 있는 것을 다 팔아서 가난한 자들에게 나누어 주고 나를 따르라." 여기서 '다 팔아서'와 '나를 따르라'가 매우 중요하다. 예수님을 온전히 따르지 않으면 결코 완전한 선을 행할 수 없음을 알려준다.

여기서 분명히 알아야 할 것이 하나 있다. 예수님은 선행이 필요 없다고 말씀하신 것이 아니라는 사실이다.

우리는 지금까지 믿음은 강조하면서 선행은 강조하지 않았다. 특히 가르치는 자들이 믿음만을 강조하고 행함을 가르치지 않았던 것을 깊이 깨닫고 회개해야 한다. 기독교는 선(善)의 모델이요 모범이다.

세상의 모든 종교는 선을 추구한다. 선을 추구하지 않은 종교는 없다. 그러나 그 어떤 종교도 선에 이를 수가 없다. 다시 말해서, 예수 그리스도 안에서만 선에 이를 수 있다는 말이다. 성경은 선(善)에 대해서 얼마나 강조하고 있는지 놓치면 안 된다.

"우리는 그가 만드신 바라 그리스도 예수 안에서 선한 일을 위하여 지으심을 받은 자니 이 일은 하나님이 전에 예비하사 우리로 그 가운데서 행하게 하려 하심이니라"(엡 2:10).

"그가 우리를 대신하여 자신을 주심은 모든 불법에서 우리를 속량하시고 우리를 깨끗하게 하사 선한 일을 열심히 하는 자기 백성이 되게 하려 하심이라"(딛 2:14).

그러나 개신교는 지금까지 선행을 약화시켰고 반면에 가톨릭교는 믿음을 빼버린 선행만을 강조해왔다. 그것은 잘못된 믿음이요 잘못된 선이다. 즉 착각하는 믿음이요 속이는 선이다. 믿음과 선행은 떨어질 수 없는 하나다. 잘못된 신앙은 늘 치우침에서 온다. 구원은 완전함이지 불완전함도 아니요 부분도 아니다.

루터는 요한계시록을 수수께끼라고 말했고, 야고보서는 성경이 아니라고 말했다. 왜 그랬을까? 한쪽으로만 치우친 것이다. 성경을 오해한 것이다.

이것이 개신교 신앙의 중심이 되어 버렸다. 이것이 곧 개신교 신학의 한계를 보여준다. 개신교는 믿음을 말하면서 선이 없다. 선하지 않아도 구원이 있다는 잘못된 구원관을 가르쳐 왔다. 가톨릭교는 믿음 없는 선을 가르쳐 왔다. 이것이 기독교의 현주소다.

구원은 '오직 믿음으로'이다. 믿음은 분명 구원의 출발이요 완성이다. 이것을 또 다른 표현으로 말한다면 사랑이 구원이다. 사랑하는 자만 구원을 받는다.

또 무엇이 문제인가? 그것은 믿음에 대한 오해로부터 온 것이다.

믿음이란 시인이요 지킴이요 이김이다. 지금까지 우리의 믿음은 시인 곧 고백에서만 머물러 오게 했던 것이다.

요한계시록에서는 예수님의 계명을 지키는 자가 구원을 받는 것으로 나온다. 야고보서나 요한계시록은 우리의 행함을 강조한다. 루터나 칼빈은 그 당시의 신학적 한계에 부딪혀 요한계시록의 주석을 쓰지 않았다고 생각된다.

우리는 여기서 분명한 자세를 가질 필요가 있다. 제아무리 위대한 인물이거나 뛰어난 석학의 가르침이라도 무조건 정답이 될 수 없다는 점이다.

우리의 가르침이나 신앙에서 종종 오해나 실수가 있을 수 있다. 즉 앎의 정도와 수준에 따른 편견이나 착각이 있을 수 있다. 그러나 올바른 신앙은 항상 하나님 앞에서, 하나님 말씀 앞에서 자신을 점검해 보고 그 앞에 겸손히 따르는 자세가 필요하다.

또한 사도 바울의 고백처럼 아직 잡은 줄로 여기지 아니하고 예수님을 더 알기 위하여, 푯대를 향하여 나아가는 자세가 필요하다.

여기서 잠깐 목회자의 기본자세에 대하여 몇 자 적어 본다.

목회자는 다음 세 가지 요건을 갖춰야 한다.

먼저, 목회자는 성경을 가장 중요하게 여겨야 한다. 그 어떤 유명한 책이나 가르침도 성경보다 앞설 수 없다. 수많은 사람들이 오해를 하는 것이 있다. 목회자들이 독서를 많이 하지 않아서 설교가 빈약하다고 한다. 그래서 많은 책을 읽을 필요가 있다고 강조한다.

그러나 목회자의 설교가 빈약한 것은 다른 책을 많이 읽지 않아서라기보다 성경을 깊이 있게 연구하지 않음에서 오는 것임을 모르는 경우가 많다.

사도 베드로는 우리에게 이렇게 들려준다.

"나는 직접 보았고 직접 들었다. 그러나 이보다 더 확실한 것이 있다. 바로 성령의 감동으로 기록된 성경이다. 이것은 어두운 데 비추는 등불과 같으니 날이 새어 샛별이 너희 마음에 떠오르기까지 너희가 이것에 집중하는 것이 옳으니라"(벧후 1:16-19).

얼마나 성경과 씨름하고 있는가?

성경을 붙들고 날이 새어 샛별이 우리 마음에 떠오르기까지 연구하는가? 그럴듯한 말쟁이가 되기보다 하나님의 뜻을 제대로 아는 일에 힘쓰라!

둘째로, 목회자는 성경 해석을 바르게 하는 데 집중해야 한다. 오래전 김수환 추기경이 살아 계실 때 그분의 강론을 들어본 적이 있다. 워낙 훌륭한 분이기에 과연 어떻게 설교를 하시는지 궁금해 하며 들어 보았다. '참으로 달변가이시구나' 하는 생각이 들었다. 그런데 처음부터 끝까지 들어 보니 하나님의 말씀을 잘 전하다가 중간에 다른 말을 하였다. 비성경적인 말을 하는 것이 아닌가?

다른 수많은 목회자들도 설교를 제멋대로 하는 것을 보게 된다. 제아무리 성경을 가지고 전하고 가르친다 해서 모두 하나님의 설교인 것은 아니다. 성경을 바르게 해석하여 가르쳐야 한다. 요한계시록을 보면 이 세상에서 가장 먼저 불 못 심판을 받는 자가 설교자요 가르치는 자다. 곧 거짓 선지자다.

이단 가운데 제칠일안식일예수재림교의 성경 해석 기준은 엘렌 화이트가 말한 것이 중심이 된다. 그가 성경 해석에 대하여 계시를 받았다는 것이다. 이와 비슷한 일들이 현재 우리 한국교회 안에 버젓이 행해지고 있다. 어떤 계시나 방언을 통해서 성경을 해석한다는 위험한 자들이 많다.

사도 베드로는 우리에게 이렇게 들려 준다.

"먼저 알 것은 성경의 모든 예언은 사사로이 풀 것이 아니니 예언은 언제든지 사람의 뜻으로 낸 것이 아니요 오직 성령의 감동하심을 받은 사람들이 하나님께 받아 말한 것임이라 그러나 백성 가운데 또한 거짓 선지자들이 일어났었나니 이와 같이 너희 중에도 거짓 선생들이 있으리라 그들은 멸망하게 할 이단을 가만히 끌어들여 자기들을 사신 주를 부인하고 임박한 멸망을 스스로 취하는 자들이라 여럿이 그들의 호색하는 것을 따르리니 이로 말미암아 진리의 도가 비방을 받을 것이요 그들이 탐심으로써 지어낸 말을 가지고 너희로 이득을 삼으니 그들의 심판은 옛적부터 지체하지 아니하며 그들의 멸망은 잠들지 아니하느니라"(벧후 1:20-2:3)

마지막으로, 목회자는 타인에게 모범이 되어야 한다. 이 말은 곧 하나님의 말씀대로 살아야 한다는 말이다. 목회자가 말씀대로 산다는 것은 자신의 구원에도 관계가 있지만 무엇보다 더 중요한 것은 목회자는 하나님의 말씀을 맡은 자들이기 때문이다.

목회자의 위치는 하나님의 말씀의 권위가 떨어지지 않도록 함이 첫째다. 그래야 성도들의 신앙을 바르게 이끌 수 있다. 목회자는 가르친 말씀대로 반드시 살아야 한다. 목회자는 곧 말씀이기 때문이다.

하나님이 보낸 종들은 반드시 바르게 살게 되어 있다.

"거짓 선지자들을 삼가라 양의 옷을 입고 너희에게 나아오나 속에는 노략질하는 이리라 그들의 열매로 그들을 알지니 가시나무에서 포도를, 또는 엉겅퀴에서 무화과를 따겠느냐 이와 같이 좋은 나무마다 아름다운 열매를 맺고 못된 나무가 나쁜 열매를 맺나니 좋은 나무가 나쁜 열매를 맺을 수 없고 못된 나무가 아름다운 열매를 맺을 수 없느니라 아름다운 열매를 맺지 아니하는 나무마다 찍혀 불에 던져지느니라 이러므로 그들의 열매로 그들을 알리라 나더러 주여 주여 하는 자마다 다 천국에 들어갈 것이 아니요 다만 하늘에 계신 내 아버지의 뜻대로 행하는 자라야 들어가리라 그날에 많은 사람이 나더러 이르되 주여 주여 우리가 주의 이름으로 선지자 노릇 하며 주의 이름으로 귀신을 쫓아내며 주의 이름으로 많은 권능을 행하지 아니하였나이까 하리니 그때에 내가 그들에게 밝히 말하되 내가 너희를 도무지 알지 못하니 불법을 행하는 자들아 내게서 떠나가라 하리라" (마 7:15-23).

"감독은 하나님의 청지기로서 책망할 것이 없고 제 고집대로 하지 아니하며 급히 분내지 아니하며 술을 즐기지 아니하며 구타하지 아니하며 더러운 이득을 탐하지 아니하며 오직 나그네를 대접하며 선행을 좋아하며 신중하며 의로우며 거룩하며 절제하며 미쁜 말씀의 가르침을 그대로 지켜야 하리니 이는 능히 바른 교훈으로 권면하고 거슬러 말하는 자들을 책망하게 하려 함이라"(딛 1:7-9).

성경을 해석할 때의 몇 가지 중요한 원칙이 있다.

제1원칙- 그 책(본문) 안에서 해석하라.

성경 해석에서 가장 중요한 것은 본문에 충실하는 것이다. 답은 그 책 안에서 먼저 찾아야 한다. 성경의 답이란 하나님의 뜻, 의도, 목적을 안다는 의미다. 하나님의 뜻을 안다는 것은 말씀 한 절이나 한 단어를 가지고 아는 것이 아니다. 왜 그렇게 말씀하고 있는지 그분의 의도를 알아야 한다. 그러기 위해서는 말씀하고 있는 그 본문, 그 책을 자세히 살펴보는 것이 중요하다. 이보다 더 우선될 것이 있을 수 없는 것이다.

예를 들어 복음서에 오병이어 기적이 모두 나온다고 해서 모두 동일한 의미를 말씀하는 것은 결코 아니다. 그러므로 그 사건을 볼 때 다른 복음서에서는 그 사건을 어떻게 말씀하고 있는가를 찾기보다는 그 사건이 나오는 본문의 위와 아래를 자세히 살피는 것이 중요하다.

지금까지 오랜 세월 동안 요한계시록을 연구하는 사람이 많았음에도 왜 난해 구절이 항상 남아 있으며 해석의 차이가 이렇게 많이 나고 있을까? 그 이유의 첫 번째가 바로 본문 곧 그 책에 충실하지 않았기 때문이다.

또한 성경 해석에 있어서 원어를 보고 다양한 번역본을 보고 역사적 배경을 보고 시대적 상황을 보고 주석들을 보지만 본문의 문맥을 제대로 파악하지 못한 상태에서는 올바른 해석을 할 수 없는 것이다.

종말론에 대해서 요한계시록만큼 구체적으로 기록되어 있는 곳은 없다. 예수님께서 복음서에서도 말씀하셨지만 요한계시록만큼 자세히 말씀하지 않으셨다. 다른 책들도 마찬가지다. 종말에 대하여 가장 자세히 나와 있는 곳이 요한계시록이다. 요한계시록을 연구할 때는 그 무엇보다 먼저 요한계시록에 집중해야 한다. 다시 말해서 저자의 의도를 아는 것이 첫째라는 말이다.

제2원칙- 다른 책(성경)을 참고하라.

이것은 제1원칙의 본문을 확증시켜 주는 일이다. 먼저 제1원칙에 충실한 후에 실행할 단계이다. 이 말은 다른 번역본을 참고하라는 의미가 아니다.

종말에 대하여 구약의 다른 책들을 보면 선지자들도 똑같이 말하고 있음을 알게 된다. 신약의 다른 책들도 동일하게 말하고 있음을 알게 된다. 그래서 예수님께서도 말씀하실 때 구약의 책들을 인용하셨던 것이다. 뿐만 아니라 사도들도 그렇게 입증하여 확증시켰음을 알 수 있다. 그러므로 우리는 구약을 읽을 때 반드시 신약을 참고하면서 보아야 하고, 신약을 읽을 때는 구약을 반드시 참고해야 한다.

예를 들어 마태복음을 바로 이해하려면 구약을 제대로 알아야 올바른 해석을 하게 되어 있다. 제아무리 원어를 잘 알아도 구약을 모르면 마태복음은 바른 해석을 할 수 없다.

요한계시록을 이해하려면 먼저 요한계시록 본문을 정확히 이해한 후에 에스겔서나 다니엘서 등을 참고하라는 말이다.

왜냐하면 본문에 대하여 정확히 주제파악이 안 된 상태에서 자꾸 다른 책을 중심으로 해석하는 경우를 종종 보기 때문이다.

제3원칙- 본문에서 중심단어를 찾아라.

중심단어란, 본문에서 강조하고 있는 단어다. 본문을 읽을 때 가장 중요한 일은 키워드를 찾는 것이다. 각 책에서의 키워드, 각

장에서의 키워드가 다 있다.

그런데 많은 경우 주석들까지도 쓸데없는 일에 너무 신경을 쓰거나 분석하는 일을 자주 한다. 그러다보니 수많은 목회자들이 그런 올무에 빠지는 일이 많다. 이것은 올바른 신앙으로 이끌지 못하는 대표적인 형태들이다.

성경 전체의 키워드는 예수 그리스도다. 성경은 여러 이야기를 하고 있다. 그러다 보니 성경을 다양한 관점으로 보는 일이 일어난다. 그러나 성경을 읽을 때 중요한 작업은 중심 주제를 알아내는 일이다.

왜냐하면 성경을 통해서 예수 그리스도를 놓쳐 버리고 그 어떤 것을 말한다면 아무 소용이 없기 때문이다. 어떤 책을 보든 그 책의 중심을 모르면 저자가 무엇을 말하고자 하는지 알 수도 없고 오히려 오해할 수 있다.

그래서 예수님은 사두개인들에게 "너희가 성경을 오해하였도다"라고 하셨고, 어떤 율법사에게는 "네가 성경을 바로 알았도다"라고 하셨다.

성경의 중심은 예수 그리스도다. 요한계시록의 중심도 예수 그리스도다. 결국 기독교의 중심은 예수요 사랑이다. 사랑이 없으면 아무것도 아니다. 사랑이 구원의 완성이다. 창세기의 중심은 사랑이다. 요한계시록의 중심도 사랑이다. 요한계시록은 신랑과 신부의 결혼을 위한 준비서이다.

창세기 1장과 2장은 성경의 서론이요 요한계시록 21장과 22장은 성경의 결론이다. 한마디로 사랑의 극치를 보여주고 있다. 사랑의 극치는 신랑과 신부의 결혼이다. 한 몸이 되는 것이다. 예수님과 사랑이다.

이 세상에서의 결혼은 영원한 결혼의 모형이요 상징이다. 이것은 천국에서의 영원한 결혼을 바라보게 한다. 성경은 이것을 보여줌으로 대단원의 막을 내린다. 이것은 실제로 있을 일이다.

성경을 많이 읽는다고 해서 잘 아는 것이 아니다. 또한 원어나 다른 번역본을 본다고 해서 성경을 잘 보는 것이 아니다. 종종 이해할 수 없는 사람들의 행동이 한 가지 있다. 한국 사람이라면 한글보다 더 잘하는 언어가 있을 수 없는데, 어떤 사람은 한국 사람이면서도 한글성경보다 영어성경을 보면 이해가 더 잘된다고 말한다.

원어나 번역본은 참고가 될 수는 있다. 그러나 성경을 제대로 보기 위해서는 무엇보다 성경 본문에 충실하여 주제파악을 하는 일이 매우 중요하다. 원어를 몰라서 성경을 모르는 것이 아니다.

주제파악을 못하니 성경이 어려운 것이다.

요한계시록이 지금까지 어렵게 생각된 것은 다름 아닌 주제파악을 제대로 못했기 때문이었다. 주제파악을 제대로 하게 하는 방법이 바로 키워드 곧 중심단어를 찾는 것이다.

가끔 원어를 강조하는 분들의 설교를 들어 보면 성경 해석을 엉뚱하게 하는 경우가 많다. 그런 사람들은 한글성경이라도 제대로 좀 보면 좋겠다. 한글성경만 제대로 보아도 해석은 아무 어려움 없이 할 수 있다.

킹제임스 성경만 진짜 성경이라고 주장하는 사람들도 있다. 이들은 다른 번역본을 가지고 있는 교회들은 거짓 교회라고 말하기도 한다. 이들의 설교를 들어 보면 정말 가관이 아니다.

속지 말자!

오해하지 말자!

쉽게 속단하지 말자!

한글성경만이라도 제대로 보자!

키워드로 쉽게 푸는 요한계시록 강해

요한계시록은 쉽다

사람들은 요한계시록을 가장 어려운 책으로 알고 있다. 그래서 보지도 않고 함부로 가르치지도 못한다. 그런가 하면 한편에서는 바른 해석이 아니면서도 용감하게 요한계시록만 계속 가르치는 교회도 있다.

그런데 기독교 역사 가운데 정말 통탄할 일이 있다. 그것은 바로 요한계시록을 지금까지 많은 목회자들이 거의 가르치지 않았다는 사실이다. 이것이 기독교의 가장 큰 실수요 잘못이요 불순종이다.

왜냐하면 이것 때문에 교회가 이단들의 밥이 되어 지금까지 고통당하고 있기 때문이다.

알다시피 이단들이 기존교회를 미혹하는 데 가장 많이 사용하는 도구가 요한계시록이다. 뿐만 아니라 기존 정통교회 안에서도 잘못된 종말론에 빠져 있는 경우가 많다.

주님은 분명히 말씀하셨다.

"이 예언의 말씀을 읽어라."
"이 예언의 말씀을 들어라."
"이 예언의 말씀을 인봉하지 말라."

분명히 처음에도, 끝에 가서도 계속 강조하신 말씀이다. 그런데 그동안 꼭꼭 인봉해버렸다. 요한계시록을 전하고 가르치기는커녕 읽지도 못하게 했다. 어떤 특정인만의 소유물처럼 되어 왔고 성경에서 철저히 왕따를 당해 왔던 책이다. 이것은 결국 수많은 이단들을 양산하게 하는 꼴이 되어 버린 것이다. 이것은 분명 주님의 명령을 어긴 죄요 악이다.

그런 의미에서 특별히 가르치는 일을 맡은 이들이 먼저 하나님 앞에 통회 자복하는 일이 있어야 한다.

요한계시록은 결코 비밀의 책이 아니요 어려운 책이 아니다. 요한계시록은 매우 쉬운 책이다. 요한계시록을 펴자마자 첫 시작에서부터 쉽다고 알려 준다.

"예수 그리스도의 계시라."

'계시'라는 말은 덮여져 있던 비밀을 드러내놓은 것이라는 말이다. 즉 보여주고 알게 해준다는 뜻이다.

또 1장 1절에 "보이시려고", "알게 하신 것이라"고 되어 있다. 그래서 계속 '보니', '보니'라고 쓰고 있다. 사도 요한이 일곱 인으로 봉해져 있는 두루마리를 보고 그 안에 내용을 읽을 수 없을 때 크게 울었더니 자세히 보여주고 알려 준 것이 요한계시록의 대부분을 차지하고 있는 일곱 인 재앙이 아닌가?

다 보여주고 알려 주었건만 왜 지금까지 어렵다고 했는가? 그러다 보니 수많은 사람들이 요한계시록으로 미혹되고 있다.

요한계시록이나 성경은 세상 사람들은 알 수 없다 할지라도 적어도 교회는 알 수 있도록 열려 있는 것이다.

"곧 계시로 내게 비밀을 알게 하신 것은 내가 먼저 간단히 기록함과 같으니 그것을 읽으면 내가 그리스도의 비밀을 깨달은 것을 너희가 알 수 있으리라 이제 그의 거룩한 사도들과 선지자들에게 성령으로 나타내신 것같이 다른 세대에서는 사람의 아들들에게 알리지 아니하셨으니 이는 이방인들이 복음으로 말미암아 그리스도 예수 안에서 함께 상속자가 되고 함께 지체가 되고 함께 약속에 참여하는 자가 됨이라 이 복음을 위하여 그의 능력이 역사하시는 대로 내게 주신 하나님의 은혜의 선물을 따라 내가 일꾼이 되었노라 모든 성도 중에 지극히 작은 자보다 더 작은 나에게 이 은혜를 주신 것은 측량할 수 없는 그리스도의 풍성함을 이방인에게 전하게 하시고 영원부터 만물을 창조하신 하나님 속에 감추어졌던 비밀의 경륜이 어떠한 것을 드러내게 하려 하심이라 이는 이제 교회로 말미암아 하늘에 있는 통치자들과 권세들에게 하나님의 각종 지혜를 알게 하려 하심이니 곧 영원부터 우리 주 그리스도 예수 안에서 예정하신 뜻대로 하신 것이라"(엡 3:3-11).

여기서 '계시', '나타내다', '드러내다', '알게 하다'라는 말씀처럼 감춰진 것을 드러내놓은 것이 성경이다.

다시 말해서 성경은 감춰진 비밀을 계시해 놓은 것이요 성령으로 나타내 놓은 것이다. 그래서 교회는 이 비밀을 아는 자들이고 전하는 자들이라고 말씀하고 있다.

그럼에도 자꾸 비밀의 책이라고 말하면서 또 다른 어떤 계시를 받아야 알 수 있는 것처럼 현혹하거나 모르쇠로 일관하고 있다.

요한계시록이 어려운 이유가 있다. 많은 사람들이 요한계시록을 읽을 때 기록된 말씀에 집중하지 않고 자꾸 어떤 특별한 은사나 또 다른 계시를 따라가거나 시대적 상황에 맞춰서 해석하려고 하기 때문이다.

요한계시록을 읽을 때 꼭 놓치지 말아야 할 중요한 것이 있다. 그것은 주제를 파악하는 것이다.

그리고 마지막으로 순서와 상징적 표현에 대한 해석 문제다. 요한계시록은 철저히 순서에 입각해서 기록한 책이다. 종말에 대한 내용과 사건이 순서대로 차근차근 기록되어 있다. 그러므로 이 순서대로 아무 문제없이 쉽게 전하고 가르칠 수 있다. 그리고 상징적 표현에 대한 해석은 그 안에 답이 있다는 사실을 분명히 알아야 한다.

요한계시록에서 그동안 기독교 역사 가운데 끊임없이 쟁점이 되기도 하였으며 이단이나 그릇된 가르침의 주요 이슈들이 되고 있는 것들이 있다.
그것은 다음과 같다.

- 일곱 교회에 대하여
- 144,000에 대하여
- 666에 대하여
- 일곱 인, 일곱 나팔, 일곱 대접 재앙에 대하여
- 두 짐승에 대하여
- 음녀에 대하여
- 천년 왕국에 대하여
- 그리스도의 재림에 대하여
- 휴거에 대하여
- 7년 대환난에 대하여
- 첫째 부활과 둘째 부활에 대하여
- 곡과 마곡에 대하여
- 새 하늘과 새 땅에 대하여

　이러한 주요 쟁점들이 해석의 차이로 말미암은 혼란스러움을 가중시키고 있다. 그 이유는 크게 요한계시록을 문자적으로 보느냐, 상징적으로 보느냐에서 나타난 현상이다.
　어떤 이들은 문자적으로 봐야 한다고 주장하고, 또 다른 사람들은 상징적으로 봐야 한다고 주장한다. 이러한 주장들은 성경을 보는 기본을 무시하기 때문에 생기는 일들이다. 앞에서도 언급했듯이 우리가 성경을 읽을 때 주제 파악을 제대로 하지 않으면 동일한 과오를 계속 범하게 된다.

지금까지 요한계시록의 가르침들이 기독교 안에 정립되지 않은 것은 그 시대가 오지 않아서도 아니고, 시대를 알지 못해서도 아니고, 연구를 소홀히 해서도 아니다. 요한계시록의 주제와 구조를 정확하게 알지 못한 상태에서 해석을 해왔기 때문이다.

흔히 요한계시록을 나눌 때 대부분 세 부분으로 나눈다. 본 것, 현재 일, 장차 올 일이다. 그러나 이것은 전혀 맞지 않은 주장이다. 왜냐하면 본 것이 현재 일이고 장차 올 일이기 때문이다.

요한계시록은 엄밀히 말하면 교회를 향한 요한의 서신으로 유언이나 다름없는 마지막 편지다. 1장 11절과 22장 21절을 보면 편지임을 알 수 있다. 글의 형식 중 편지는 친밀감을 준다. 사랑하는 관계에서 편지를 주고받는다.

요한계시록의 주제는 '신랑을 맞이할 신부가 되어라', '오실 그리스도 예수를 맞이할 준비를 하라'이다. 성경은 전체 주제가 '오실 예수 그리스도를 맞이할 준비를 하라'이다. 구약도 '오실 예수님을 기다리라', 신약도 '오실 예수님을 기다리라'이다. 창세기부터 요한계시록까지 철저히 신부의 삶을 살도록 가르치고 있다. 모두가 하나의 주제로 되어 있다.

요한계시록은 일곱 흰 말, 붉은 말, 일곱 금 촛대, 일곱 교회, 일곱 영, 일곱 뿔, 일곱 인, 일곱 나팔, 일곱 대접, 여자, 음녀, 큰 성 바벨론, 인 맞은 자, 144,000, 흰 옷 입은 무리, 짐승, 666, 첫째 부활, 둘째 사망, 천년 왕국, 곡과 마곡, 새 예루살렘 성 등 상징적인 표현들로 가득하다.

여기서 여자와 음녀, 거룩한 성 예루살렘과 큰 성 바벨론, 두 증인과 두 짐승, 144,000과 666, 용과 어린 양, 첫째 부활과 둘째 사망 등 서로 대조하고 있음을 알아야 한다.

또한 144,000과 666의 공통점이 있다. 둘 다 이름을 새긴다는 것이다.

결론적으로 요한계시록은 복잡하거나 어려운 책이 아니다. 요한계시록은 구조와 순서 그리고 상징적 표현의 답만 잘 살피면 누구나 알 수 있는 책이다.

자신 있게 외쳐 보라!

요한계시록은 쉽다!

키워드로 쉽게 푸는 요한계시록 강해

이기는 자가 되라

요한계시록의 키워드가 있다. 키워드 곧 중심단어를 아는 것이 매우 중요하다. 왜냐하면 키워드를 알아야 요한계시록을 쓴 목적을 알 수 있기 때문이다. 그동안 요한계시록에 대한 몰이해로 말미암은 신앙의 잘못된 모습이 너무 많았다.

그 예로 666에 너무 치우치는 일, 144,000에 치우치는 일, 천년왕국에 치우치는 일 등을 들 수 있다. 666, 144,000, 천년 왕국도 중요하지만 정작 중요한 것을 놓치면 안 된다.

어린아이는 전체를 한 눈으로 보지 못한다. 정작 무엇이 중요한지를 모른다. 자기가 궁금한 것이 최고요 전부인 줄만 안다. 그러다 보니 "내가 옳다, 네가 옳다" 하면서 코피 터지게 싸우기도 한다. 아이러니하게도 기독교가 다른 부분에 있어서는 공통된 교리를 세웠음에도 요한계시록은 지금까지 정리를 못해 놓은 상태에 있다.

바른 신앙이란 중심을 바로 잡고 있는 것이다. 앞에서도 언급했듯이 치우침은 신앙의 위험요소 중의 위험요소에 들어간다. 그러므로 성경을 읽을 때도 치우치면 안 된다. 신앙의 미성숙함과 기독교의 하나 되지 못함의 원인이 바로 여기에 있다. 그러므로 성경을 읽을 때 키워드가 중요하다.

요한계시록에서 중요한 것은 '교회는 어떠해야 하는가'이다. 즉 신부는 어떠해야 하는지를 말해 주고자 기록된 책이다.

요한계시록의 중심단어는 '지키는 자'(1:3, 2:26, 3:8,10, 12:17, 14:12, 22:7), '이기는 자'(2:7,11,17,26, 3:5,12,21, 12:11, 15:2, 17:14, 21:7)이다.
이것은 일곱 교회를 향해 계속 반복하여 강조하면서 일곱 번 사용하고 있다. 또한 요한계시록의 앞부분과 끝부분에서도 강조하고 있고, 요한계시록에서 끊임없이 강조하는 표현이다(7:9, 13:10, 14:4,12, 16:15, 18:4, 19:8, 20:4).

믿음이란 우리의 주 예수 그리스도께서 오실 때까지 지키는 것이고, 이기는 것이다.

구원은 우리의 주 예수 그리스도께서 오실 때까지 끝까지 지키는 자의 것이요 끝까지 이기는 자의 것이다.

사도 요한은 요한복음과 요한일서, 요한이서, 요한삼서 그리고 요한계시록에 이르기까지 동일한 구원관을 제시하고 있다. 사도 요한의 구원관을 한마디로 표현한다면, '예수 계명을 지키라'이다.

이것을 정리한다면, '믿음 = 예수 계명 지킴 = 하나님 사랑 이웃 사랑'이라고 할 수 있다.

곧 믿음이 구원이요, 곧 예수 계명 지킴이 구원이다. 곧 사랑이 구원이요, 곧 믿음이 사랑이다.

한마디로 예수 계명을 지킴이 생명이요 구원이다. 예수 계명을 지키지 않음은 믿음이 없는 것이다. 요한계시록은 끊임없이 '지키라', '이기라'를 강조하고 있다. 지키는 자가 이기는 것이다. 지킴이 이김이요, 이김이 지킴이다.

하나님 나라는 이기는 자의 것이다. 창세기 1장 28절을 보면 정복하고 다스리라고 되어 있다. 정복은 이기는 것이다. 이기는 자가 다스린다.

천년 왕국은 이기는 자의 것이다. 새 하늘과 새 땅은 이기는 자의 것이다. 신랑 되신 예수님과 혼인하는 신부는 이기는 자다.

창세기 1장 28절은 하나님의 축복이다. 또한 하나님의 명령이기도 하다. 그러기에 이 명령을 지키지 못하면 주신 축복을 잃어버리게 된다.

여호수아서를 보면 하나님은 가나안 땅을 주신다. 하나님은 그 땅을 주시겠다고 약속하셨다. 그러나 그냥 주지 않으신다. 정복하여 얻게 하신다.

천국은 침노하는 자의 것이라고 말씀하셨다. 죄를 이기고, 사단을 이기고, 사망을 이기고 생명으로 들어가는 것이다. 사단에게 지면 생명은 올 수 없다. 신부는 신랑을 맞이할 때까지 정절을 지켜야 한다.

현대사회는 결혼에 대한 의식이 많이 흐트러져 가고 있다. 기독교인들조차도 소돔과 고모라에 살았던 롯만도 못한 것 같다. 롯은 소돔과 고모라의 악한 모습을 보고 심령이 탔다. 의로운 심령이

상하였다고 말씀한다.

교회가 이 땅에서의 아름다운 신부에 대한 의식마저도 흐려진다면 어떻게 우리의 신랑 되신 예수님의 온전한 신부로 설 수 있겠는가?

여호수아서에서 이스라엘 백성들이 약속의 땅을 완전하게 정복하지 못함으로 끊임없이 고통받았던 것을 보게 된다. 완전히 정복하지 못함으로 결국 우상이 들어와 다시 빼앗김을 당했다.

마태복음 28장 19-20절에서 "너희는 가서 모든 민족을 제자로 삼아 아버지와 아들과 성령의 이름으로 세례를 베풀고 내가 너희에게 분부한 모든 것을 가르쳐 지키게 하라 볼지어다 내가 세상 끝 날까지 너희와 항상 함께 있으리라"고 말씀하셨다.

이것도 정복하라는 말씀이다. 예수님은 마지막 지상명령으로 정복을 말씀하신 것이다. 만민에게 복음을 전파하라는 명령도 정복하라는 말씀이다.

요한계시록은 왜 이기는 자가 중요할까? 요한계시록에 일곱이란 단어도 많이 나오고 보좌라는 단어도 많이 나온다. 그럼에도 불구하고 '이기는 자'가 중심단어다.

요한계시록은 양괄식이다. 요한계시록은 '이기다', '지키다'라는 말이 앞과 뒤에 다 나와 있다. 뿐만 아니라 이것은 144,000과 연결된다. 144,000은 이스라엘 자손이라고 되어 있다. 그러다 보니 많은 사람들은 144,000을 유대인으로 본다.

왜 이스라엘 자손이라고 되어 있을까? 이스라엘이라는 말의 뜻은 '이기는 자'다. 144,000은 영적 이스라엘 곧 하나님 자녀를 말한다. 이기는 자가 144,000이다. 이기는 자는 하나님의 계명을 지키는 자다. 예수님의 증거를 가진 자다. 진정으로 사랑하는 자다. 그러한 자가 이스라엘이다. 사랑한 자가 참 승리자다. 하나님을 사랑하고 이웃을 사랑하는 자가 이기는 자다.

이기는 자가 되라!

키워드로 쉽게 푸는 요한계시록 강해

교회를 향한
주님의 마지막 편지

1장부터 살펴보자.

요한계시록은 예수 그리스도의 계시다(1-2절).

요한계시록은 복의 계시다(3절).

요한계시록은 교회에게 주신 계시다(4-6절).

요한계시록은 예수 그리스도 재림의 계시다(7절).

요한계시록은 깨어 있음의 계시다(1,3,8절).

1장 1절의 '반드시 속히 일어날 일들'은 요한계시록에서 중요한

단어다. 반드시 일어나고 속히 일어난다고 한다. 왜 '속히'라고 했을까? 이 말씀을 하신 지 이천 년이 지났는데도 아직 일어나지 않았다.

왜 '속히'라는 말을 썼을까?

이 말씀은 그 시대 속에 이기는 자가 되라는 말씀이다. '속히'는 신부의 자세를 일깨우는 말이다.

3절에 '때가 가까움이라', 8절에 '이제도 있고 전에도 있었고'는 모두 긴장할 것을 요구한다. 항상 지금 여기에(here now) 신앙을 가지라는 것이다. 항상 깨어 있어야 함을 강조하는 표현이다.

1절의 '예수 그리스도의 계시', '알게 하신 것'은 2절에서 '하나님의 말씀', '예수 그리스도의 증거', '본 것'으로 표현하고 있다. 3-4절에서는 '예언의 말씀', '그 가운데에 기록한 것', '일곱 교회에 편지'라고 되어 있는데 이것은 모두 같은 의미를 다르게 표현한 것이다.

성경을 읽을 때는 단어를 눈여겨 보아야 한다. 같은 의미를 여러 표현으로 쓰고 있음을 알아야 한다.

간혹 어떤 어리석은 이들은 성령과 예수의 영 그리고 아버지의 영이 다르다고 주장한다. 이것은 삼위일체론을 부인하는 일이다.

또한 어떤 이는 예수와 그리스도가 다르다고 가르치는 자도 있다. 성경은 같은 말을 다양하게 표현한다는 것을 알아야 한다. 예를 들어 '생명', '영생', '구원', '천국'은 모두 같은 의미다. 마찬가지로 '본 것'이 '장차 일어날 일'이다.

4-7절은 교회의 정체성을 말하고 있다.

교회는 삼위일체 하나님, 즉 성부 하나님과 일곱 영 곧 성령과 예수님의 은혜와 평강이 있기를 원한다고 축복하고 있다.

5절 '우리를 사랑하사 그의 피로' 교회는 하나님의 사랑을 입은 공동체다. 교회는 사랑뭉치다. 교회는 사랑으로 한 덩어리가 되어 있어야 한다. 즉 예수의 피 공동체다.

5절 '우리 죄에서 우리를 해방하시고' 교회는 죄에서 해방된 공동체다. 곧 의의 공동체다. 의의 옷을 입은 공동체. 그러므로 의의 열매를 나타내야 한다.

6절 '하나님을 위하여', '그에게 영광과 능력이 세세토록' 교회는 하나님을 위한 공동체다. 오직 하나님께 영광을 돌려야 하는 공동체로 불러 주신 것이다.

7절 '볼지어다 그가 구름을 타고 오시리라' 마지막으로 교회는 예수님의 재림을 기다리는 공동체다. 예수님의 재림은 세상의 끝인 동시에 하나님 나라의 시작이다.

예수 재림은 모두가 알게 이루어진다. 비밀스럽게 오시지 않는다는 것을 분명히 알아야 한다.

"볼지어다……각 사람의 눈이 그를 보겠고 그를 찌른 자들도 볼 것이요 땅에 있는 모든 족속이 그로 말미암아 애곡하리니."

그래서 예수님은 친히 말씀하시기를 그리스도가 여기 있다 혹은 저기 있다 해도 믿지 말라고 하셨다(마 24:23-26).

특별히 5-6절에서 '우리'라는 단어를 놓치지 말아야 한다.
'우리를 사랑하사', '우리 죄에서', '우리를 해방하시고', '우리를 나라와 제사장으로.'

교회는 나 혼자만 잘해서 되는 것이 아니다. 또한 모두 잘하지만 한 사람이 잘못되어도 문제가 됨을 기억해야 한다. 한 몸임을 잊지 말아야 한다.
옆에 있는 형제가 아프면 함께 아파하고 다른 교회가 고통받으면 함께 고통받고 한국교회가 타락하면 함께 일어나 회복하고자 힘써야 한다.
교회는 이러한 정체성을 잊지 말아야 한다. 교회는 이 정체성을 끝까지 지켜야 한다. 모두 이겨야 한다. 아간 같은 한 사람이 하나님의 공동체를 무너지게 하였다. 그래서 사도행전에 아나니아와 삽비라 사건도 기록된 것이다.

주님이 가르치신 기도에도 마찬가지다.

> "너희는 이렇게 기도하라 하늘에 계신 우리 아버지여 이름이 거룩히 여김을 받으시오며 나라가 임하시오며 뜻이 하늘에서 이루어진 것 같이 땅에서도 이루어지이다 오늘 우리에게 일용할 양식을 주시옵고 우리가 우리에게 죄 지은 자를 사하여 준 것같이 우리 죄를 사하여 주시옵고 우리를 시험에 들게 하지 마시옵고 다만 악에서 구하시옵소서(나라와 권세와 영광이 아버지께 영원히 있사옵나이다 아멘)"(마 6:9-13).

'우리 아버지여', '우리에게', '우리가', '우리 죄를', '우리를'. '내가' 아닌 '우리'를 잊지 말라! 주님은 교회를 한 몸으로 보신다.

9-20절에는 대상 곧 교회에게 말씀하시는 예수님에 대한 자세한 모습이 나타나 있다.

키워드로 쉽게 푸는 요한계시록 강해

교회여!
완전하라!

    2-3장은 교회 심판의 메시지다. 일곱 교회는 일곱 시대를 말하는 것이 아니다. 일곱 교회는 완전한 교회, 온전한 교회, 완성된 교회를 의미한다.

  요한계시록에는 7이라는 '숫자'와 12라는 '숫자'가 나온다. 이 둘은 연관이 있는 수다. 영적 완전수다.

  성경에서 '일곱'은 완전의 의미로 쓰였다.

- 하나님께서 창조하시고 일곱째 날에 안식하심

- 아브라함과 아비멜렉의 화친조약 때 일곱 양 제물
- 야곱이 형 에서와 화해할 때 일곱 번 땅에 엎드림
- 이스라엘 백성이 제사 지낼 때에 일곱 번 피 뿌림
- 이스라엘 백성이 여리고 성을 일곱 번 돌 때 무너짐
- 나아만 장군이 물에 일곱 번 몸을 담글 때 나병이 치료됨

뿐만 아니라 일곱 교회를 향해서 말하고 있는 '내용'을 잘 살펴보라! 교회의 부족한 부분이 단 하나라도 있으면 그대로 넘어가지 않는다는 사실이다. 어떤 교회는 여러 가지를 잘하여 칭찬을 받는다. 그러나 부족한 것이 하나라도 있으면 그냥 넘어가지 않으신다. 그것을 고치지 않으면 안 된다.

또한 어떤 교회는 하나도 칭찬할 것이 없음을 말씀하고 빨리 돌이키라고 하신다. 또 어떤 교회는 책망할 것이 하나도 없지만 요구가 있다. 더 잘하라고 말씀하신다. 이것은 한마디로 교회는 완전해야 됨을 보여주는 것이다.

이와 같이 7이라는 '숫자'나 일곱 교회에 쓴 '내용'은 모두 완전함을 강조한다. 참된 교회 곧 완전한 신부를 요구한다. 이 세상에는 참 교회와 거짓 교회가 있다. 이기는 자가 진짜 교회다. 지키는

자가 진짜 신부다.

일곱 교회는 일곱 시대를 보여주는 것이 결코 아니다. 에베소 교회는 사도시대이고 라오디게아 교회는 종말시대라는 가르침을 주의해야 한다. 이런 가르침은 대부분 이단들이 사용하고 있음을 인식할 필요가 있다. 이런 가르침에 집중하지 말고 오직 온전함에 집중해야 한다.

칭찬을 받은 교회의 공통점이 있다. 약함이 있고 고난이 있다. 우리가 생각하는 그런 교회가 아니다. 환난이 많은 교회요, 약하고 작은 교회다. 큰 교회가 아니다. 부자교회도 아니다. 육의 눈으로 볼 때 보잘것없는 교회다.

참된 은혜는 고난이 있는 교회에 임한다. 교회는 이 세상에 있는 동안 반드시 고난이 있다. 그 자체가 하나님의 은혜. 빌립보서에도 이 말을 하고 있다. 믿음과 고난이 하나님의 은혜라고 말하고 있다.

어떤 이들은 교회는 환난을 보지 않고 휴거된다고 종종 주장하고 가르친다. 성도들은 환난이 없다고 말한다. 이것은 교회의 본질을 모르는 것이요, 하나님의 구원사역을 잘못 아는 것이다. 오히려 참된 교회는 약함, 환난, 고난 가운데 있다. 예수님에게도 고난이 있었다. 교회는 예수님의 생애를 보아야 한다. 그것이 기준이요 모델이다. 예수님의 생애가 교회의 진정한 모습이다.

반대로 칭찬이 하나도 없는 교회가 있다. 매 맞기에 딱 좋은 교회가 있다. 이들의 공통점은 겉으로는 좋아 보인다. 그러나 영적으로는 죽어 있다. 그래도 주님은 그 교회를 향하여 회개를 명하신다. 기회를 주시는 것이다. 이것이 교회를 향한 주님의 사랑이다.

일곱 교회를 향한 말씀에 중요한 단어가 또 하나 있다. '안다'라는 단어다. 예수님은 우리 교회를 다 알고 계신다. 우리가 무엇을 잘하고 있는지, 무엇을 잘못하고 있는지 아시는 것이다.
우리 교회는 칭찬을 받겠는가? 책망을 받겠는가?
주님은 다 알고 계신다.
우리가 자기 자신을 잘 알지 못한다는 사실이 안타깝다. 교회는 항상 주님을 알려고 힘써야 한다. 그래야 자신을 알 수 있다.

좀 더 구체적으로 살펴보자.

에베소교회에 칭찬한 것이 많다. "네 행위와 수고와 인내를 안다. 또한 악한 자를 용납하지 않았다. 가짜 곧 거짓 사도를 시험해서 거짓된 것을 드러냈다. 예수님의 이름을 끝까지 지켰다." 얼마나 멋진 교회인가?

오늘날 기독교 안에 거짓 목사와 거짓 사역자들이 많다. 또한 온갖 악을 행하는 자들이 많다. 그런데 이러한 자들을 계속 방치하고 있다. 이것은 교회가 타락으로 가는 지름길이다. 정말 지금이라도 교계와 교회들은 정신을 차리고 정화작업을 해야 한다. 에베소교회는 이러한 일을 잘하였다.

그럼에도 불구하고 책망을 하고 있다. 처음 사랑을 잃어버렸다는 것이다. 칭찬한 내용과 사랑이 다르다는 걸 기억해야 한다. 무슨 말인가? 교회는 올바른 성장 곧 성숙해야 된다는 것이다. 성숙은 주님과의 순전한 관계다. 이러한 모습을 잃어버리면 안 된다. 주님과의 순전한 관계를 잃어버리면 교회의 모습이 일 중심 또는 교리 중심이 되어 버린다. 흔히 보수적인 교회가 가질 수 있는 불완전함이다.

서머나교회는 환난과 궁핍 속에서도 신앙을 지킨다. 너무 가난한 교회다. 자칭 유대인이라는 자들의 핍박도 있다. 핍박 속에 많은 어려움을 당한다.

얼마 전에 팔레스타인과 관련된 '용서'라는 영화를 본 적이 있다. 150만 명 정도가 가자 지구에 사는데 그중에 그리스도인은 105명이 살고 있다고 한다. 그곳에서는 예수님을 믿는다는 걸 알면 쥐도 새도 모르게 잡아가고 죽이고 있다. 그곳에 사는 그리스도인들은 두려워서 드러내놓고 신앙생활을 할 수가 없다. 은밀하게 예수님에 대한 신앙을 지키고 있다. 그들은 직장을 얻기도 힘들다. 아무것도 할 수가 없다. 그래서 가난할 수밖에 없다. 끊임없는 핍박, 이슬람교도들의 핍박이 계속되고 있다. 한마디로 사단의 회당이 있는 곳이다. 그런 중에서 신앙을 지키고 있다.

이것이 진짜 교회다. 이들과 비슷했던 서머나 교회를 향해서 주님은 칭찬하고 계신다. 그러면서 죽도록 충성하라고 말씀하고 있다. 앞으로 또 고난이 올 것이라 알려 준다. 일사각오(一死覺悟) 정신을 갖게 한다. 완전함을 요구하고 있다.

버가모교회는 안디바라는 사람이 죽임을 당하기까지 믿음을 지킨다. 그러나 책망도 받는다. 교인들 가운데 발람의 교훈을 따르는 자들이 있었다. 또 니골라당의 교훈을 지키는 자들이 있었다.

한마디로 거짓된 가르침 곧 사람의 가르침을 받아들인 것이다. 그들에게 육적 음행, 영적 음행이 들어온 것이다. 또한 물질만능주의가 들어온 것이다. 순교 속에서도 믿음을 지키지만 다른 교훈 즉 바르지 않은 교훈을 용납함에서 회개를 촉구한다.

성경은 선지자들과 예수님과 사도들을 통해 여러 곳에서 다른 교훈에 주의할 것을 강조하고 있다.

두아디라교회는 사업과 사랑과 믿음과 섬김과 인내가 많은 교회였다. 그러나 이 교회는 거짓 여선지자를 받아들이는 잘못을 하게 된다. 이들을 향해 사단의 깊은 것을 알지 못하는 자들이라고 말하고 있다.

'이세벨'이라는 이름에는 '고상하다'라는 뜻이 있다. 왜 교회가 거짓 여선지자를 쉽게 받아들였을까? 고상하기 때문에 받아들인 것이다. 품위나 몸가짐이 경건해 보이고 훌륭해 보이기 때문에 쉽게 넘어가는 것이다. 품위가 있어 보인다고 참된 것은 아니다. 먼저 말씀에 대한 올바른 세계관을 지니고 있는지, 그리고 합당한 열매가 있는지 살펴보아야 한다.

이런 자들은 교회를 혼합주의에 빠지게 하는 자들이다. 우리가 살고 있는 현대교회도 거짓 선지자들이 판을 치고 있다. 특히 예언한다, 뭘 봤다고 하는 사람들을 늘 조심해야 한다.

오늘날 많은 교회들이 목회자라고 무조건 따르거나 받아들이는 경우가 많다. 아무쪼록 조심해야 한다. 그리고 그런 자들을 받아들인 교회는 하루 속히 돌이켜야 한다. 그렇지 않으면 심판을 면치 못한다고 경고하고 있다.

사데교회는 아예 칭찬도 없고 책망만 있다. 하나님 앞에 행위의 온전함이 없는 교회다. 이 교회를 향하여 살았다 하는 이름은 가졌으나 죽었다고 선언한다. 막연하게 죽은 자라고 말한 것이 아니다.

3장 4절을 보면 "그러나 사데에 그 옷을 더럽히지 아니한 자 몇 명이 네게 있어"라고 되어 있다. 즉 더럽다는 말이다. 예수님을 영접했으나 세상에 물들어 더러워졌다는 말이다. 교회가 세속화로 가면 반드시 무너진다. 결코 오래가지 못한다.

빌라델비아교회는 작은 능력으로 예수님 말씀을 지키는 교회다. 인내의 말씀을 지키고 그 말씀을 자신들의 유일한 소유로 삼아 가진 것을 굳게 지켰다. 왜 인내의 말씀이라고 할까? 하나님의 말씀은 인내하도록 주신 것이다. 지킴은 곧 인내다.

시편 119편을 보면 하나님의 말씀을 지키는 것이 나의 재산이라는 말씀이 있다. 이처럼 빌라델비아교회는 예수님의 말씀을 자신들의 유일한 소유로 삼았다. 또 예수님의 이름 그 하나 외에는 이 세상의 어떠한 것에도 관심이 없었다. 예수님의 말씀을 지킴을 전부로 알았다.

예수님 이름과 예수님 말씀으로 가득한 교회인데 더 이상 무엇을 더 바랄까? 다 된 것 아닌가? 이것이 완전함을 보인 것이 아닌가?

그러나 예수님은 또 요구하신다.

"네가 가진 것을 굳게 잡아라! 네 면류관을 빼앗기지 말아라!"

다 되었다고 자만하지 않아야 한다. 지킴은 지속이다.

마지막으로 라오디게아교회를 향하여 미지근함에 대하여 책망하신다. 겉으로 볼 때는 부자교회다. 그러나 그들은 영적으로 가난하고 나태하고 잠들어 있는 교회다. 자신을 알지 못한 교만한 교회요, 착각 속에 빠져 있는 교회다.

교회의 미지근함에는 두 가지 원인이 있다. 하나는 세속화다. 또 하나는 영적 교만이다.

성경을 통해서나 역사를 통해서 보듯이 교회는 육적으로 부해지면 무너지기 시작한다. 영적으로 나태해진다. 라오디게아교회는 영적 교만에 빠져 있다.

> "나는 부자라 부요하여 부족한 것이 없다 하나 네 곤고한 것과 가련한 것과 가난한 것과 눈 먼 것과 벌거벗은 것을 알지 못하는도다 내가 너를 권하노니 내게서 불로 연단한 금을 사서 부요하게 하고 흰 옷을 사서 입어 벌거벗은 수치를 보이지 않게 하고 안약을 사서 눈에 발라 보게 하라"(요 3:17-18).

라오디게아교회를 향해 참된 영적 부요자가 되라고 권면하고 있다. 곧 하나님의 부요자를 의미한다. 교회는 예수님으로 부해야 한다. 영적 호화로움을 추구해야 한다. 영적 호화로움이란 경건을 갖추는 것이다. 교회는 영적 부요자가 되기 위해 늘 깨어 있지 않으면 안 된다.

일곱 교회를 정리해 본다면,
에베소교회는 교리를 분명히 가진 교회였으나 사랑이 없었다.
버가모교회는 예수 이름은 분명히 가진 교회였으나 말씀이 없었다.
두아디라교회는 신앙의 기본이 잘 다져진 교회였으나 영적 분별력이 없었다.
사데교회는 분명히 복음으로 시작된 교회였으나 세속화로 복음을 잃어버렸다.
라오디게아교회는 겉모습은 크고 풍부한 교회였으나 영적으로 병든 상태였다.
서머나교회와 빌라델비아교회는 비록 작고 가난하고 환난이 많은 교회였으나 온전하였다.

주님은 모든 교회를 향하여 이기는 자가 되라고 명하신다. 이기는 자에게 '천국'이 있음을 약속하신다.

- 하나님의 낙원에 있는 생명나무의 열매를 먹게 하리라.
- 둘째 사망의 해를 받지 않고 생명의 면류관을 얻으리라.
- 감추었던 만나와 흰 돌을 받으리라.
- 만국을 다스리는 권세를 얻으리라.
- 그 이름을 생명책에서 결코 지우지 아니하리라.
- 하나님의 성전에 기둥이 되리라.
- 예수님 보좌에 함께 앉으리라.

이 세상의 심판은 언제일까? 교회가 타락하면 이 세상의 심판이 온다. 이것을 잊지 말아야 한다.

교회가 타락하면 이 세상은 더 이상 미래가 없다. 세상이 존재하고 있다는 것은 교회가 있기 때문이다. 교회는 세상의 빛이다. 그런데 빛이 그 역할을 못한다면 어떻게 되겠는가?

노아의 홍수, 소돔과 고모라의 심판을 보라. 하나님의 자녀들 곧 의인이 없어짐으로 심판이 왔다. 교회가 타락하면 세상에 악이 꽉 찬 것이다.

그래서 요한계시록은 교회를 향해서 쓴 것이다. 세상을 향해서 기록한 것이 아니다. 교회를 향한 마지막 편지다. 요한계시록을 보면 알지만 악한 사람은 끝까지 악하다는 것을 알 수 있다. 왜 악할까? 그 속에 악만 있기 때문이다.

교회는 만물 위에 있음을 알아야 한다. 에베소서의 말씀대로 교회는 모든 정사와 권세를 다스려야 한다. 그러므로 교회는 늘 깨어 있어야 한다. 만물을 향한 책임감이 주어졌음을 잊지 말아야 한다.

최초의 아담은 이 책임을 다하지 못했다. 그러나 둘째 아담인 예수 그리스도는 이 책임을 다하신 것이다. 그러므로 교회가 하나님이 주신 책임을 다하지 못하면 상 대신에 벌이 있다는 사실을 알아야 한다.

바울 사도는 로마서에서 표현하기를 첫째는 유대인에게요, 그 다음은 헬라인에게라고 말하고 있다. 구약에도 동일한 원칙을 보여준다. 하나님의 백성인 이스라엘이 범죄할 때 열방보다 먼저 이스라엘 백성을 심판하신다. 그리고 난 후에 열방의 심판을 보여준다.

교회의 위치는 매우 중요하다. 즉 교회의 사명이 매우 크다는 것이다. 바울 사도는 성경보다 더 정확한 계시가 없다고 말한다. 또한 교회를 통해서 구원이 일어남을 말씀한다.

지금 우리 교회는 힘이 너무 없다. 오히려 세상에 휘둘리고 있다. 교회가 정신을 차려야 한다. 교회가 하나님 말씀을 잃어버리면 심판이 온다. 구약의 선지자들이나 사도들은 하나같이 이것을 강조한다.

교회를 향해 말씀하신 주님의 모습을 기억하라!

- 오른손에 있는 일곱 별을 붙잡고 일곱 금 촛대 사이를 거니시는 이가…(계 2:1).
- 처음이며 마지막이요 죽었다가 살아나신 이가…(계 2:8).
- 좌우에 날선 검을 가지신 이가…(계 2:12).
- 눈이 불꽃 같고 그 발이 빛난 주석과 같은 하나님의 아들이…(계 2:18).
- 하나님의 일곱 영과 일곱 별을 가지신 이가…(계 3:1).
- 거룩하고 진실하사 다윗의 열쇠를 가지신 이가…(계 3:7).
- 아멘이시요 충성되고 참된 증인이시요 하나님의 창조의 근본이신 이가…(계 3:14).

키워드로 쉽게 푸는 요한계시록 강해

심판하시는 하나님과
어린 양께 경배하라!

4장부터 18장까지는 세상 심판이다. 중심단어가 '심판' '재앙'이다.

4-5장은 6장에서 18장까지 이어지는 세상 심판에 대한 서론이다. 요한계시록에서 중요한 단어가 하나 있다. 그것은 '보좌'라는 단어다. 특히 4-5장에 많이 나온다. '일곱'이란 단어보다 더 많이 나온다. '보좌'는 심판, 통치의 개념이다. 하나님의 통치 안에 심판과 구원, 두 가지가 다 들어간다. 하나님의 통치를 보여준다. 예수님의 통치를 보여준다.

또 4-5장에서 중요한 단어가 '하나님', '어린 양', 그리고 '경배'라는 단어다.

4장은 보좌에 앉으신 하나님께 경배하는 모습이다. 어떤 자들은 4장 1절에 나오는 '이리 올라오라'를 첫째 휴거라고 주장한다. 본문을 제대로 보지 않으면 그런 식으로 해석을 하게 된다. 본문의 문맥을 제대로 보지 않고 단순하게 한 구절이나 표현 또는 단어를 문자 그대로만 가지고 설교하면 항상 위험하다.

이 말은 요한에게 심판하시는 하나님을 보여주고자 하는 것이다. 곧 심판의 근원이 어디서 출발하는가? 곧 하나님이심을 알려 주고자 강조함이다.

5장에서 중요한 단어는 '책'(두루마리)이다. 즉 일곱 인으로 봉해진 것이다. 이것이 하나님의 오른손에 들려 있다. 여기서 오른손은 '의', '권세', '힘' 등을 나타낸다. 세상의 심판이 의로운 심판임을 보여주는 것이다.

하나님의 오른손에 들려 있는 것이 무엇인가? 그것은 세상 심판에 대한 내용이다. 즉 일곱 인으로 봉해진 것이다.

그런데 어느 누구도 그 내용을 알 수가 없다. 오직 어린 양 예수뿐이심을 알려 준다.

5장은 일곱 인으로 봉해진 두루마리를 떼시는 어린 양 예수님께 경배하는 모습이다.

다시 말해서 4-5장은 심판의 근원이 어디인가를 분명히 말해 준다. 심판은 오직 하나님과 어린 양이신 예수님으로부터 오는 것임을 보여준다. 이것은 심판하심이 하나님께 있음을 찬양하는 것이요, 어린 양 예수님께 있음을 찬양하는 것이다.

이제부터 하나님과 어린 양 예수님께서 어떻게 세상을 심판하시는지 두 눈으로 똑똑히 보자.

1차 재앙

6장에는 1차 재앙이 기록되어 있다. 왜 1차 재앙이라고 하는가? 1차 또는 2차라는 표현은 없다. 그러나 세상에 임하는 재앙이 세 번에 걸쳐서 있음을 보여주고 있다. 또한 3차 재앙은 마지막 재앙이라는 표현을 쓰고 있기 때문이다.

1차 재앙을 좀 더 자세히 말한다면, 일곱 인 중에서 여섯 인까지의 재앙이다. 1차 재앙을 구체적으로 살펴보자.

첫째 인과 둘째 인 재앙은 다 전쟁이다. 첫째 인의 재앙은 흰 말 탄 자의 심판이다. 여기서 '흰 말 탄 자'는 천사를 가리킨다. 그동안 여러 성경 주석자들과 성경 강해자들은 예수님으로, 또는 적그리스도로, 또는 그리스도의 복음운동으로 주장하였다. 그러나 '흰 말 탄 자'는 예수님도 아니고 적그리스도도 아니고 그리스도의 복음운동도 아니다. 정확히 천사로 되어 있다(계 19:14).

뿐만 아니라 흰 말 탄 자가 네 생물의 명령을 받고 있는 것으로 나온다. 흰 말 탄 자가 예수님이라고 한다면, 어떻게 예수님이 네 생물의 명령을 받는다는 말인가? 말도 안 되는 해석들을 하는 것이다.

흰 말 탄 자나 붉은 말 탄 자, 검은 말 탄 자, 청황색 말 탄 자 모두 천사를 가리킨다.

흰 말 탄 자를 그리스도로 보는 이들은 어처구니없게도 세상 재앙 전에 그리스도가 재림한다는 주장들을 하면서 휴거를 주장한다.

흰 말은 '정의', '평화'를 상징한다. 첫째 인의 재앙은 평화를 위한 전쟁, 즉 세계 평화를 위한 전쟁이다. 예를 들어, 미국과 유럽, 한국 등이 연합하여 악한 무리들을 향하여 전쟁을 펼치는 것을 엿볼 필요가 있다.

전쟁에는 크게 두 종류가 있다. 평화를 위한 전쟁과 평화를 제해 버리는 잔인한 전쟁이 있다. 둘째 인의 재앙은 붉은 말 탄 자의 심판이다. 피, 큰 칼로 표현하고 있다. 이 전쟁은 잔인하다. 마태복음 24장 7절의 민족이 민족을, 나라가 나라를 대적하는 전쟁이다.

셋째 인의 재앙은 식량난이다. 검은 말 탄 자가 저울을 가져온다. "한 데나리온에 밀 한 되요, 한 데나리온에 보리 석 되로다!"
열왕기하 7장에 비슷한 내용이 나온다. 기근이 엄청나게 심할 때 식량 값이 올라간다. 일반 미래학자들도 인류의 식량난을 예고하고 있다. 주식 투자를 할 때 식량 쪽으로 하는 것이 좋을 것이라고 말하는 사람들도 있다. 한마디로 셋째 인의 재앙은 경제적 고통이 심하게 올 것을 보여준다.

넷째 인의 재앙은 사망의 재앙이다. 칼, 흉년, 사망, 짐승들에 의해 지구의 사람들 가운데 4분의 1이 죽는다. 즉 청황색 말의 재앙은 종합적 재앙이요 총체적 고통이다.

다섯째 인의 재앙은 순교자가 많이 있음을 보여준다. 하나님의 백성들의 순교다. 그 순교자도 정해놓은 숫자가 있다. 우리는 모르지만 하나님이 정해놓으신 수가 있다는 것이다. 모든 것에는 하나님께서 정한 것이 있다. 순교자의 수도 정해져 있고 구원받는 자의 수도 정해져 있다. 그래서 144,000이라고 되어 있는 것이다.

우리가 알지 못하는 하나님의 수다.

여섯째 인의 재앙은 천지가 진동하는 재앙이다. 땅에는 큰 지진이 일어난다. 하늘에서는 해와 달이 변해버리고 별들이 떨어진다. 운석 하나만 떨어져도 빅뉴스가 된다. 그런데 별들이 떨어진다는 것을 상상해 보라! 두렵고 떨리지 않겠는가? 이 재앙이 얼마나 큰지 지구상에 모든 사람들이 다 굴과 바위틈에 숨으며 하는 말이, 산들과 바위에게 말하되 "우리 좀 지켜 달라"고 하지 않고 "우리 위에 떨어져 달라"고 외친다. 하나님의 재앙으로 인해 죽는 것보다 땅이나 바위로 인해 죽는 것이 낫다는 말이다. 얼마나 무서우면 그렇게 말하겠는가?

십사만
사천(144,000)

　　십사만 사천은 기독교 역사 가운데 이단들이 가장 많이 이용하는 내용이다. 또한 기존 정통교회 안에서도 의견이 분분하다. 그런 의미에서 십사만 사천은 누구를 가리키는지 분명히 알아야 한다. 적어도 기독교 공동체는 이것을 분명히 정리해 주어야 한다.

　　지금까지 십사만 사천에 대한 주장들은 크게 네 가지가 있다.

- 문자적 의미와 문자적 수로 보는 사람
  - 육적 이스라엘 144,000명이라고 보는 견해.
- 문자적 의미와 상징적 수로 보는 사람
  - 육적 이스라엘의 구원받을 수라고 보는 견해.
- 영적 의미와 문자적 수로 보는 사람
  - 영적 이스라엘 144,000명이라고 보는 견해.
- 영적 의미와 상징적 수로 보는 사람
  - 영적 이스라엘의 구원받을 수라고 보는 견해.

나는 여기에 한 가지를 더 첨가하고 싶다.

십사만 사천이라는 수를 자신의 집단이나 교회에 한정시키는 의미와 수로 해석하여 이용하는 이들이 있다.

예를 들어, 제칠일안식일예수재림교회는 안식일을 지키는 자로 제한한다. 또 신천지는 이만희를 따르는 자로 제한한다. 더 기가 막히는 주장을 하는 자는 기독교를 믿는 열두 나라에서 뽑힐 실제 수라고 한다.

이처럼 이단 또는 어떤 교회들은 자신들의 집단을 정예화 또는 군사화시키고자 교묘히 십사만 사천을 이용한다.

십사만 사천은 과연 누구일까?

한마디로 교회다. 참된 교회 곧 이기는 자다. 십사만 사천은 요한계시록 7장, 14장, 21장에 나온다. 이 세 장을 연결하여 잘 살펴보아야 누구를 의미하는지 알 수 있다.

7장부터 살펴보겠다. 여기서 십사만 사천은 '하나님의 종들', '이스라엘 자손'이라고 나온다. 하나님의 종들과 이스라엘 자손은 같은 의미다. 하나님의 종들은 성도 중에 특별히 뽑힌 마지막 추수할 일꾼을 의미하는 것이 아니다. 성경은 이스라엘을 하나님의 종들이라고 일컬어 왔다(사 65:13-14; 렘 30:10; 겔 37:25). 즉 모든 하나님의 자녀는 하나님의 종이기도 하다.

문제는 왜 이스라엘이라고 했을까 하는 것이다. 여기서 이스라엘은 요한계시록의 주제요 중심단어와 부합되는 '이기는 자'를 의미한다. 이스라엘의 뜻이 바로 '이기는 자'다(창 32:28).

이것을 보다 더 입증하고 있는 것을 살펴보자. 본문에 이스라엘 자손 열두 지파가 나온다. 그런데 놀라운 사실을 발견한다. 열두 지파 이름에 단 지파가 빠지고 므낫세 지파가 나온다. 므낫세 지파가 나오면 에브라임 지파가 나와야 한다. 대신 요셉 지파는 나오지 않아야 한다.

다시 말해서 이스라엘 자손의 열두 지파는 르우벤, 시므온, 레위, 유다, 스불론, 잇사갈, 단, 갓, 아셀, 납달리, 요셉, 베냐민으로 되어야 한다. 아니면 므낫세와 에브라임을 넣고자 한다면 레위 지파와 요셉 지파를 빼고 해야 한다.

그런데 본문에는 유다, 르우벤, 갓, 아셀, 납달리, 므낫세, 시므온, 레위, 잇사갈, 스불론, 요셉, 베냐민으로 나온다.

놀랍게도 단 지파와 에브라임 지파가 없다. 이것은 우리에게 중요한 단서를 제공하는 것이다.

단 지파와 에브라임 지파가 빠진 이유가 무엇일까? 그것은 이기지 못했기 때문이다. 성경은 단과 에브라임을 이기지 못한 자의 대표적 자손들로 알려주고 있다(삿 18:1, 29-31; 호 4:17). 곧 이 두 지파는 우상숭배에 가장 앞장섰던 자손들이다.

사도 요한은 믿음은 이김임을 강조한다(요 16:33; 요일 5:4-5). 특별히 우상을 이겨야 함을 강조한다(요일 5:21; 계 21:8, 22:15).

요한일서에서는 뜬금없이 마지막으로 이런 한마디를 남기고 마친다.

"자녀들아 너희 자신을 지켜 우상에게서 멀리하라"(요일 5:21).

십사만 사천은 '이기는 자'를 일컫는 말이다. 구약에서는 이스라엘 곧 '이기는 자'를 '남은 자'로 표현하고 있음을 알 수 있다. 결국 구원은 '남은 자 구원'임을 알아야 한다. 구약의 선지자들뿐 아니라 사도 바울은 로마서에서 남은 자 구원을 분명히 말하고 있다 (사 10:21-22; 롬 9:27, 11:5).

왜 십사만 사천을 인치는가? 과연 무엇을 위해 인침을 받게 하는 것인가?

먼저 그 이유는 2차 재앙을 내릴 때 해를 입지 않기 위함이다 (7:1-3, 9:4).

그리고 인치신 목적이 나온다(7:9-17).

곧 구원의 은총을 입고 하나님을 찬양하며 경배하는 천국의 모습을 보여준다. 이것은 21-22장의 새 하늘과 새 땅에서의 은총을 미리 보여주는 것이다.

9절에 "이 일 후에 내가 보니" 즉 나중에 되어질 일을 보여주고 있는 것이다. 이 말은 1차 재앙 이후 십사만 사천이 구원받는다는 의미가 아니다.

또한 '아무도 능히 셀 수 없는 큰 무리'를 '흰 옷 입은 자들'이요 '큰 환난에서 나오는 자들'이라고 말하고 있다(14절).

이것은 십사만 사천을 의미하고 있음을 14장을 보면 더 뚜렷하게 알 수 있고, 21장을 보면 더 확실하게 드러난다.

참고로 '큰 환난에서 나오는 자들'이란 세상에 임하는 하나님의 진노인 재앙을 의미하는 것이 아니다. 여기서 '큰 환난'은 박해를 의미한다. 대표적인 박해가 바로 육백육십육(666)이다. 자세한 사항은 '7년 대환난'에서 다루겠다.

십사만 사천은 아무도 능히 셀 수 없는 무리의 수다. 하나님만이 정한 수요 하나님만이 아는 수다.
그러므로 더 이상 십사만 사천을 가지고 거짓된 가르침으로 미혹하는 자가 없기를 바란다. 또한 더 이상 미혹되지 않기를 바란다.

7장에서 중심구절은 10절이다. 중심을 모르면 그릇된 해석을 하게 된다. 7장은 구원하시는 하나님과 어린 양에 대한 강조다. 심판도 하시고 구원도 하시는 하나님의 통치를 강조한다.
7장은 2차 재앙 전에 구원시킨다는 말이 아니다. 이것은 성도들에게 위로를 주고 격려해 주시는 것이다. 세상에 이런 무서운 재앙이 있으나 십사만 사천은 해를 입지 않는다는 것을 알려 주는 것이다.

십사만 사천(144,000)

먼저 초점은 십사만 사천이 아니라, 구원하시는 분이 누구인가를 보여주는 것이다. 4-5장에서는 누가 심판하는가를 보여주었다. 7장에서는 1차 재앙 후 2차 재앙에서도 구원하실 하나님을 강조함으로 끝까지 믿음을 지키라는 뜻이다.

14장을 보자. 십사만 사천이 또 나온다. 이들은 이마에 어린 양의 이름과 아버지의 이름이 있다. 인침 받음의 의미를 좀 더 구체적으로 보여주는 것이다.

또한 이들은 새 노래를 부르는 자들이다. 새 노래는 곧 구원의 노래다. 승리의 노래다. 이 노래는 이기는 자들만이 부를 수 있다. 15장 2-4절에 또 나온다.

십사만 사천은,

- 여자와 더불어 더럽히지 아니한 자 곧 순결함을 지킨 자들이다. 유혹에 안 넘어간다는 뜻이다.
- 어린 양이 어디로 인도하든지 따라가는 자 곧 온전히 순종하는 자들이다. 예수님만 따른다는 뜻이다.
- 첫 열매, 그 입에 거짓이 없고 흠이 없는 자 곧 순전하고 완전

한 자들이다. 예수님께 속한 자의 본질은 진실과 온전함을 지닌다는 뜻이다.

한마디로 7장의 흰 옷 입은 자들을 자세히 말씀하고 있다. 이것은 성도의 옳은 행실을 말해 주는 것이다(13:10, 14:12, 19:8). 즉 의의 열매, 선한 열매를 맺는 자들이다.

믿음과 행함은 하나다. 행함이 없는 구원은 없다. 분명히 말한다. "행함이 없는 믿음을 회개하라." 행함을 약화시켰던 것을 회개해야 한다. 아무나 신부가 되는 것이 아니다. 14장은 1,2차 재앙이 끝난 후에 말씀이다.

십사만 사천은 이기는 자 곧 완전한 자다.

21장으로 가 보자.

새 하늘과 새 땅이 나온다. 그곳에 무엇이 보이는가? 거룩한 성 새 예루살렘이다. 거룩한 성이다. 새로운 예루살렘이다.

건물이 거룩하다고 착각하면 안 된다. 건물은 거룩함을 가질 수가 없다. 지금도 수많은 그리스도인들이 성전에 대해 오해하고 있다. 예수님의 제자들도 처음에는 잘못된 성전관을 가지고 있었다. 그들은 유대주의적 성전관을 갖고 있었다.

거룩한 성 새 예루살렘! 이것은 무엇을 말하는가? 건물이 아니다. 21장 2절에 "신부가 남편을 위하여 단장한 것 같더라"고 되어 있다. 7절에서는 "이기는 자"라고 말한다. 예수님의 신부는 이기는 자 곧 계명을 지키는 자다.

그 다음에 9절부터 더 구체적으로 보여준다. 21절까지 내용을 잘 보라. 크게 두 가지가 나온다. 신부 곧 어린 양의 아내를 보여준다고 한다. 그런데 그 다음 절에 거룩한 성 예루살렘을 보여준다.

그대로 해석하라. 건물로 보지 마라. 신부 곧 어린 양의 아내다. 예수님이 건물과 결혼하시겠는가? 말도 안 되는 소리다. 거룩한 성 예루살렘이 곧 신부다. 어린 양의 아내다.

지금부터 아름다운 신부의 모습을 잘 보라.

열두 문과 열두 기초석이 나온다. 열두 문은 '열두 천사', '열두 지파의 이름'이 있다. 그리고 열두 기초석은 '열두 사도의 이름'이 있다.

또 성을 측량한다. 길이와 너비가 같은 '만이천 스다디온'이다. 또 자꾸 같은 말인데 '백사십사 규빗'이라고 한다. 그런데 더 놀라운 것은 그 성의 측량을 '사람의 측량'이라고 말씀한다. 그리고 '천사의 측량'이라고 말씀하고 있다.

144,000이 보이는가? 왜 144규빗을 쓰고 있을까? 성 곧 건물인

줄 알았는데 사람이라고 한다. 또 천사라고도 한다.

무슨 말일까? 왜 성을 사람이라고 할까? 또한 천사라고 할까?

부활한 성도 곧 이기는 자인 십사만 사천을 말하는 것이다. 완전한 신부로 아름다운 신부로 단장한 모습이다. 복음서에 나오지 않는가? 사두개인은 부활을 믿지 않았다. 그때 예수님께서 부활의 모습이 천사와 같다고 말씀하셨다. 부활한 성도는 더 이상 사람과의 결혼이 없다.

새 하늘과 새 땅 곧 천국에서는 오직 예수님과 결혼할 뿐이다 (눅 20:34-36).

이스라엘의 열두 지파 × 어린 양의 열두 사도=144이다. 즉 12 × 12,000스다디온=144,000이다.

뿐만 아니라 일 년이 왜 열두 달로 되어 있을까? 또 정오는 빛과 관련되어 있다. 자오선이 기준이다. 태양의 표준이 자오선에 있을 때를 정오라고 한다. 정오 곧 낮 12시다. 가볍게 여기지 마라.

결국 십사만 사천은 유대인을 말하는 것도 아니고 이방인만을 말하는 것도 아닌 온전한 신부를 의미한다. 그 신부는 아무도 능히 셀 수 없는 수로서 각 나라와 족속과 백성과 방언에서 부름 받

십사만 사천(144,000)

은 자들이다. 144,000은 구원받을 모든 사람 곧 이기는 자들을 말한다.

열두 문도 열두 진주로 되어 있고, 열두 기초석도 열두 보석으로 되어 있다. 아름다운 신부의 모습이다. 더 이상 속지 말자! 144,000을!

키워드로 쉽게 푸는 요한계시록 강해

2차 재앙

8-9장은 2차 재앙에 대해 기록하고 있다. 일곱째 인에 봉해져 있던 재앙이다. 일곱째 인에는 두 번의 재앙이 들어 있다. 즉 2차 재앙과 마지막 재앙이다. 이 두 재앙을 나팔 재앙이라고 한다. 나팔 재앙에는 또다시 마지막 나팔 재앙 곧 대접 재앙이 있다.

2차 재앙은 첫째 나팔에서 여섯째 나팔까지의 재앙이다. 심판에 대한 이유와 방법이 나온다. 심판하시는 근거는 성도들의 기도 응답이다. 성도들의 고통에 대한 보응이요 신원하심이다.
2차 재앙의 특징은 한마디로 불 심판이다. 좀 더 구체적으로 보면 불과 피와 연기가 나는 재앙이다. 소돔과 고모라를 심판하실 때와 같다.

요엘서 2장과 사도행전 2장에서도 성령을 보내실 것을 말한 다음에 이 같은 심판을 말씀하고 있다.

"나팔을 부니."
이것은 심판을 알리는 대표적 표현이다.

첫째 나팔을 부니 피 섞인 우박과 불이 땅에 쏟아진다. 땅의 3분의 1이 타버린다. 정확히 말하면 땅과 각종 식물이 불에 타버린다.

둘째 나팔을 부니 불이 붙는 큰 산과 같은 것이 바다에 던져진다. 바다의 3분의 1이 재앙을 받는다. 바다의 생물들과 배들의 3분의 1이 파손되고 죽게 된다.

셋째 나팔을 부니 횃불같이 타는 큰 별이 하늘에서 떨어진다. 강들과 여러 물의 근원의 3분의 1이 쓴물이 된다. 많은 사람이 그 물을 먹고 죽는다.

넷째 나팔을 부니 하늘이 어두워진다. 해와 달과 별들의 3분의

1이 타격을 받아 어두워진다. 낮의 10분의 1이 빛이 없어진다.

다섯째 나팔을 부니 하늘에서 땅에 별 하나가 떨어진다. 참고로 여기서 별은 천사를 가리킨다(20:1). 무저갱에서 연기와 황충들이 나와서 십사만 사천, 즉 인 맞은 자를 제외한 사람들에게만 전갈의 고통이 온다. 그들을 다섯 달 동안 괴롭힌다. 얼마나 고통스러우면 이렇게 표현해 주고 있다.

> "그날에는 사람들이 죽기를 구하여도 죽지 못하고 죽고 싶으나 죽음 이 그들을 피하리로다"(9:6).

이 같은 재앙을 주는 자는 무저갱의 사자로서 히브리어로는 아바돈, 헬라어로는 아볼루온 곧 '파괴자', '멸망시키는 자'다. 곧 멸망시키는 천사가 전갈의 고통을 주는 것이다.

여섯째 나팔을 부니 큰 강 유브라데에 결박한 네 천사가 사람 3분의 1을 정해진 시간, 곧 연월일시에 죽이게 된다. 즉 순식간에 멸하게 됨을 알려 준다. 큰 군대 이만 만이 불과 연기와 유황을 뿜어 사람 3분의 1을 죽인다. 현재 인구로 따지면 20억이 넘는 사람이 한순간에 죽는다. 상상을 초월하는 이야기다. 인류 역사 이래

2차 재앙

지금까지 보지 못한 어마어마한 재앙이다.

그럼에도 불구하고 회개하지 않는 인간의 악함을 보게 된다.

2차 재앙은 모든 것의 3분의 1이 멸망하는 재앙이다.

여기서 다시 한 번 말하지만 환난 또는 재앙 전에 휴거를 주장하는 자들의 가르침은 잘못된 것임을 잊지 말라.

키워드로 쉽게 푸는 요한계시록 강해

마지막 재앙 전에 일어날 일 7년 대환난

10-18장은 교회 박해와 마지막 재앙이라 할 수 있다. 10-13장은 마지막 재앙을 앞두고 교회에 대박해가 있음을 보여주고 있다. 이 박해는 일명 '7년 대환난' 또는 '마지막 영적 전쟁'이라고 할 수 있다.

7년 대환난에 대한 주장도 의견이 분분하다. 어떤 이들은 성경에 나온다고 하고 또 어떤 이들은 7년 대환난은 비성경적이라고 주장한다.

7년 대환난은 지극히 성경적임을 먼저 밝힌다. 그 근거는 다음과 같은 단어를 보면 알 수 있다.

'마흔두 달'

'천이백육십 일'

'한 때, 두 때, 반 때'

이는 다 같이 삼 년 반을 나타내고 있다(계 11:2-3, 12:6,14, 13:5; 단 7:25, 12:7).

이것을 다니엘서 9장 27절에서는 '한 이레' 그리고 '그 이레의 절반에'라고 기록하고 있다. '한 이레'는 7년을 말함이요, '그 이레의 절반에'는 3년 반을 말함이다.

여기서 전 3년 반, 후 3년 반이라는 말이 나온 것이다.

7년 대환난 중 전 3년 반의 환난은 여자 곧 예루살렘 곧 이스라엘에 임한다(계 11:2-6, 12:1-16; 마 24:15-28; 눅 21:20-24).

후 3년 반의 환난은 여자의 남은 자손 곧 온 땅의 성도에게 임한다(계 11:7-13, 12:17, 13:1-18).

이것이 바로 666(육백육십육) 표를 받게 하는 대박해요 대환난이다.

7년 대환난에 대하여 한 가지 덧붙인다면, '대환난' 곧 '큰 환난'이라는 단어를 보면 세상에 내리는 '재앙'과는 다른 표현을 쓰고 있음을 알 수 있다.

7장 14절에서 십사만 사천 곧 구원받을 주의 백성을 말할 때 '큰 환난에서 나오는 자들'이라는 표현을 쓴다. 이 말은 바로 세상 재앙이 아닌 7년 대환난을 말하는 것이다.

'큰 환난'의 원어를 보면 'θλιφεως μεγαλης', 영어로는 'great tribulation'으로 큰 박해를 받는 것임을 말해 준다. 이 단어는 마태복음 24장 21절에서도 동일하게 쓰고 있다. 이 환난은 예수님이 받으신 환난과 같은 성격의 환난이다(계 1:9).

하나님은 왜 7년 대환난을 받게 하실까?

세상의 재앙을 내리실 때는 해를 입지 않게 하셨는데 왜 마귀와 짐승 곧 세상 통치자들에게 심한 박해를 받게 하시는 것일까?

세상 재앙은 하나님이 내리신 진노이며 7년 대환난은 원수들이 하나님의 백성들을 괴롭히는 것이다.

이것은 참된 신부를 얻고자 하시는 하나님의 양육이다(계 12:6,14). 연단을 통해 정결한 자(단 12:10) 곧 이기는 자를 얻고자 함이다(계 13:9-10).

이때에 선한 자는 더욱 선한 모습을 보이며 악한 자는 더욱 악하여 아무것도 깨닫지 못한다(단 12:10; 계 22:11).

마지막 때에 나타나는 현상을 보면 마귀도 극에 달한다. 자기 때가 이른 줄 알고 행동하는 것을 본다(계 12:12).

좀 더 자세히 들여다 보자.

10장의 중심단어는 '작은 두루마리' 혹은 '작은 책'이다. 개역개정 성경에는 작은 책이라는 말은 없지만 개역한글 성경에는 '작은 책'이라고 되어 있다.

왜 10장에서 갑자기 두루마리가 또 나올까? 무엇을 말하는 것일까? 이 작은 두루마리를 천사가 가지고 온다. 그리고 큰 소리로 외친다.

"이 소리를 인봉하고 기록하지 말라."

"지체하지 아니하리라."

"일곱째 천사가 나팔을 불려고 할 때에 하나님이 선지자들에게 전하신 하나님의 비밀이 이루어지리라."

"천사의 손에 있는 작은 두루마리를 가지라."

"이 작은 두루마리를 먹어버리라 네 배에는 쓰나 네 입에는 꿀 같이 달리라."

"네가 많은 백성과 나라와 방언과 임금에게 다시 예언하여야 하리라."

무엇을 의미하는 것일까?

"이 소리를 인봉하고 기록하지 말라"는 말씀은 하나님의 비밀인데 이 비밀이 곧 이루어지기 때문에 기록하지 말라는 것이다. 그래서 "지체하지 아니하리라"고 다시 강조하고 있다.

그러면 과연 '하나님의 비밀'은 무엇을 의미하는 것일까?

다음 말씀을 집중해 보라. 이 비밀은 하나님이 선지자들에게 전하신 복음과 같은 것이다. 하나님이 선지자들에게 전하신 복음은 다름 아닌 이스라엘의 회복을 의미한다. 구약의 선지자들은 끊임없이 이스라엘의 회복을 외쳐왔다. 이 말씀은 로마서에서도 사도 바울이 언급하고 있는 이스라엘의 구원을 말한다(롬 11:25-36).

다시 말해서 하나님의 비밀은 이스라엘이 주께 돌아옴을 의미한다. 언제 이 일이 이루어진다고 하는가? '일곱째 천사가 나팔을 불려고 할 때에'라고 알려 준다. 일곱째 천사가 나팔을 불 때란 마지막 나팔 곧 마지막 세상 재앙을 내릴 때를 의미한다(계 11:15).

하나님의 비밀 곧 이스라엘의 구원은 마지막 재앙 바로 전에 이루어진다는 것이다. 곧 7년 대환난을 통하여 이스라엘이 주께 돌아오는 일이 벌어짐을 알려 주는 것이다. 그래서 이 비밀의 말씀이 고통이 되면서도 기쁨이 있음을 알려 주는 표현을 하고 있다.

"네 배에는 쓰나 네 입에는 꿀같이 달리라."

성경은 하나님의 말씀을 꿀로 표현한다. 잠언과 시편에서는 말씀을 꿀에 비유하고 있다(시 119:103; 잠 24:13).

꿀은 지구상에서 변질되지 않는 영구식품이다. 이집트에서 발굴한 꿀이 삼천 년이 지났는데도 변질되지 않았다고 한다. 하나님의 말씀은 변하지 않는다.

더 놀라운 사실은 꿀벌이 꿀 1kg을 얻기 위해 560만 송이의 꽃을 찾아다니는데 그 거리가 지구 한 바퀴인 4만 ㎞를 날아다닌 것과 같다고 한다.

우리는 하나님의 말씀을 얻기 위해 얼마나 애를 쓰는가? 수많은 사람들이 하나님의 백성이라고 하면서도 하나님의 말씀을 얻기 위해 힘쓰지 않음이 너무 안타깝다. 말씀보다 다른 어떤 것을 얻기 위해 오늘도 분주하다. 마르다처럼 말이다. 그러니 하나님 말씀이 꿀맛 같겠는가?

나는 하나님 말씀이 꿀맛 같다. 날마다 그것을 경험한다. 그래서 다른 책을 보고 싶은 마음이 없다. 그 어떤 책도 성경보다 맛이 없다. 내 일생에 성경만큼 나를 흥분되게 하며 사로잡은 것이 없다.

성경을 읽을 때에 벌이 꿀을 찾아다니듯 하나님 말씀에 대한 학구열이 일어나야 한다. 성경을 가까이하지 않는 목회, 성경에 매

료되지 않는 목회는 요나의 목회라고 말해 주고 싶다.

요나는 하나님을 알려고 하지도 않고 힘쓰지도 않았다. 요나는 하나님 말씀을 마지못해 전했다. 죽음에서 살아나는 경험을 했음에도 억지로 전했다. 그런데 놀라운 일이 일어났다. 큰 성 니느웨의 모두가 회개하는 역사가 일어난 것이다. 이것은 순전히 요나가 잘해서 된 것이 아니다. 요나의 능력으로 된 사역이 아니었다.

목회자들은 착각하지 말자.

그래도 우리 주위에 종종 요나보다는 열정이 있는 목회, 눈물이 있는 목회, 기도하는 목회를 하는 종들을 본다. 아무튼 하나님 말씀에 꿀벌과 같은 자세를 갖자.

11장의 중심단어는 '두 증인'이다.

이 '두 증인'에 대해서도 의견이 분분하다. 크게 두 종류의 주장이 있다. 이 두 증인을 개인으로 보느냐, 집단으로 보느냐이다. 특히 집단 즉 교회로 보는 사람들은 4절의 '두 감람나무', '두 촛대'를 근거로 삼는다.

과연 누구를 가리키고 있을까? 교회를 말하는 것일까? 어렵게 해석하려고 하지 말라. 본문에 답이 있다.

- 3절의 '두 증인'은
- 4절에서는 '두 감람나무와 두 촛대'로
- 10절에서는 정확히 '두 선지자'로 되어 있다.

'두 증인'이 구약과 신약의 교회를 의미한다는 해석은 잘못된 해석이다. 여기서 '두 증인'은 두 선지자 즉 두 사람이다. 7년 대환난 중에 활동하는 두 사람이다.

2절의 '거룩한 성'은 예루살렘을 말한다. 새 하늘과 새 땅에서 보는 예루살렘이 아닌 지구상에 현존하는 예루살렘이다. 즉 유대인들에게 삼 년 반 동안 큰 환난이 온다. 이때에 굵은 베옷을 입고 예언하는 증인이다(3절).

왜 굵은 베옷을 입겠는가? 하나님의 백성들이 큰 환난 중에 있기 때문이며 회개하고 주께로 돌아오도록 외치는 자들이기 때문이다.

그런데 4절에 이들을 다시 표현하기를 "이 땅의 주 앞에 서 있는 두 감람나무와 두 촛대니"라고 되어 있다. 이것은 그 시대에 깨어 있는 하나님의 종을 의미한다. 감람나무는 기름이고, 촛대는 등이다. 이것은 성경에서 '항상 깨어 있음'을 의미하는 대표적 표현이다(마 25:1-13).

또한 '하나'가 아닌 '두' 즉 '둘'은 어떤 사건에 대한 증인의 확증적 의미를 나타내고 있다(신 17:6; 마 18:16; 딤전 5:19; 히 10:28 등).

또한 요한계시록은 구약의 스가랴서와 매우 흡사하다. 본문의 두 감람나무와 두 촛대를 쉽게 이해시켜주는 곳이 스가랴서 2-4장이다. 이 말씀에는 이스라엘 곧 예루살렘의 회복을 위한 중요한 두 사람이 나온다. 대제사장 여호수아와 총독 스룹바벨이다. 이 두 사람이 두 감람나무요 두 촛대인 것이다.

이 두 사람을 본문 4절과 똑같이 표현하고 있다.

"이는 기름부음 받은 자 둘이니 온 세상의 주 앞에 서 있는 자니라"
(슥 4:14).

이 두 사람은 정치적, 종교적 지도자였다. 이것을 요한계시록

13장에 나오는 '두 짐승'과 대조시키고 있다. 이 두 짐승도 정치적 지도자요 종교적 지도자로 나온다. '두 증인'은 하나님 편의 지도자를, '두 짐승'은 마귀 편의 지도자를 의미한다.

결론적으로 '두 증인'은 마지막 재앙 전, 즉 7년 대환난 때에 활동하는 하나님의 신실한 종들이다. 5-6절을 보면 이 두 증인이 모세와 엘리야와 비슷한 엄청난 능력을 행하며 주의 사역을 감당한다.

7절 이하를 보면 이 두 증인이 짐승 곧 666의 이름을 가진 짐승(계 13:1, 17:8)에게 죽임을 당한다. 그런데 삼 일 반 후에 살아나서 구름을 타고 하늘로 올라간다. 그때에 예루살렘 성에 큰 지진이 일어나 성 10분의 1이 무너지고 칠천 명의 사람들이 죽게 된다. 마지막으로 남은 자들이 하나님께 영광을 돌리게 된다.

이것은 예수님의 죽으심과 부활과 승천하실 때의 모습과 비슷하다. 그런데 여기서 '삼 일 반 후에 살아남'을 보여주는 것은 7년 대환난 중 후 삼 년 반 후에는 승리의 기쁨을 얻게 될 것임을 의도적으로 보여주고자 함이다.

그리고 분명히 남은 자 구원을 언급하고 있다(13절). 곧 이스라엘 중 구원받을 자가 모두 주께 돌아오게 됨을 보여준다. 그러므로 7년 대환난은 비록 하나님의 백성들에게는 엄청난 고난의 기

간이지만 이 일을 통하여 주께로 돌아오게 되고 신실한 그리스도
인임을 입증하게 되는 것이다.

14절에는 "둘째 화는 지나갔으나 보라 셋째 화가 속히 이르는
도다"라고 되어 있다. 여기서 둘째 화는 7년 대환난을 의미하는
것이 아니다.

- 첫째 화는 2차 재앙 중에 다섯째 나팔 재앙을 말하며(8:13-9:11)
- 둘째 화는 2차 재앙 중에 여섯째 나팔 재앙을 의미하며(9:12-21)
- 셋째 화는 마지막 재앙인 일곱째 나팔 재앙 곧 일곱 대접 재앙을 말한다(11:15, 15:1, 16:1-21).

7년 대환난은 둘째 화와 셋째 화 사이에 일어나는 일이다. 즉
하나님의 자녀들에게 있을 최고의 환난이요 영적전쟁이다.
그리하여 하나님의 자녀들로 하여금 하나님의 언약을 붙들게 한
다. 그 언약이 예수 그리스도의 죽으심과 부활하심으로 확증시켜
주셨다. 또한 그 언약이 마지막 심판과 함께 그리스도가 왕 노릇
하는 하나님의 나라가 완성된다. 이것을 두 증인은 외친 것이다.
그래서 마지막 절에 보면 성전에 언약궤를 보여준다. 언약궤는
다른 말로 하면 증거궤다.

12장은 '용과 여자'(여자의 남은 자손)가 중심단어다. 용이 여자를 박해하는 내용이 나온다. 또한 용이 여자의 아들을 박해하는 내용이요, 용이 여자의 남은 자손을 박해하는 내용이다. 곧 하나님의 약속의 아들의 고난이요 하나님의 백성이 고통받는 내용이다. 11장에 이어 7년 대환난의 연속이다.

본문은 여자와 관련한 정보를 다음과 같이 준다.

- 빛이 있는 자다(1절).
- 어린 양의 피와 말씀으로 이긴 자다(11절).
- 하나님의 계명을 지키며 예수의 증거를 가진 자다(17절).

사도 요한이 말한 빛은 곧 생명이다. 여자는 산 자를 가리킴이다. 또한 '깨끗한 자', '말씀이 있는 자', '계명을 지키는 자', '이기는 자' 곧 정결한 신부 144,000명을 말한다.

여자는 창세기 3장 15절의 여자와 여자의 후손 곧 산 자의 어미라 칭함을 받은 하와부터 시작하여 이스라엘과 예수 그리스도 그리고 교회를 모두 지칭한다.

요한계시록에서는 여자를 크게 둘로 구분하여 보여준다. 깨끗한 여자와 더러운 여자다. 거룩한 성 예루살렘과 큰 성 바벨론이다. 곧 거룩한 교회와 음란한 교회다. 곧 참 교회와 거짓 교회다.

십자가를 달았다고 다 주님의 교회가 아니다. 예수 이름을 사용한다고 다 주님의 교회가 아니다. 성경을 사용한다고 다 주님의 교회가 아니다.

이단들도 교회라고 말하지 않는가? 정통교회 안에도 거짓교회가 있을 수 있음을 간과해서는 안 된다. 주의해서 살펴보아야 한다. 신천지나 천주교 등은 물어볼 것도 없다.

종말시대를 살아가는 우리에게 참된 목회자, 참된 교회는 매우 중요하다. 목회자는 전도에 힘쓸 뿐만 아니라 교회를 깨끗한 신부가 되도록 해야 한다. 이것이 목회자의 역할이다. 이것이 진정한 하나님의 복음에 동참하는 것이다.

12장에 '양육'이라는 단어가 나온다. 그리스도인이 박해받는 것은 하나님의 양육코스다. 핍박이 곧 양육하는 것이다. 여자가 핍박을 당한다. 그런데 그것을 '양육하기 위하여'라고 말하고 있다(6절).

14절에도 "한 때와 두 때와 반 때를 양육 받으매"라고 말하고 있다.

하나님의 양육, 양육의 비밀을 알아야 한다. 성경은 여러 곳에서 언급하고 있다. 두 곳만 살펴보자.

먼저 이사야서 10장 20-27절을 보면 환난을 통과하는 것이 양육임을 보여준다. 시온에 거주하는 백성에게 환난이 있다. 앗수르 사람들이 휘두르는 채찍과 막대기를 통해서 환난이 있다. "애굽이 너희에게 했던 것처럼 앗수르 사람들이 그렇게 할 것이다"라고 말씀하신다.

남은 자는 통과한 자다. 야곱의 남은 자 곧 이긴 자다. 곧 참 이스라엘이다. 하나님의 백성이다. 남은 자만 구원이다. 이것이 참 교회다.

"그날에 이스라엘의 남은 자와 야곱 족속의 피난한 자들이 다시는 자기를 친 자를 의지하지 아니하고 이스라엘의 거룩하신 이 여호와를 진실하게 의지하리니 남은 자 곧 야곱의 남은 자가 능하신 하나님께로 돌아올 것이라 이스라엘이여 네 백성이 바다의 모래 같을지라도 남은 자만 돌아오리니 넘치는 공의로 파멸이 작정되었음이라" (사 10:20-22).

또 디도서 2장에서도 하나님이 우리를 양육하시는 것이 나온다. 어떻게 양육하시는가? 경건하지 않은 것을 모두 버리게 하신다. 곧 경건한 자로 양육하신다.

이 세상의 정욕을 다 버리게 하신다. 예수님을 믿는 믿음은 경건의 출발이다. 경건이 시작되는 것이다. 하나님은 경건하지 않은 것, 이 세상 정욕을 버리게 하신다. 정결한 신부가 되도록 버릴 것을 철저히 버리게 하신다. 여기에 고난이 있는 것이다.

더 나아가서 복스러운 소망과 예수 그리스도를 기다리게 하신다. 왜 복스러운 소망이라고 할까? 이 세상의 것과는 다르다는 말이다. 진짜 복이 되는 소망이라는 이야기다. 저 위에 있는 것 새 하늘과 새 땅을 말한다.

하나님은 참 교회에게는 철저히 이 땅의 것을 내려놓게 하신다. 환난이 이 놀라운 양육의 비밀이다. 가난과 궁핍이 복이다. 그래서 누가복음에서 "가난한 자가 복이 있나니"라고 한 것이다.

다음으로 용은 누구인가?

- 크고 붉으며 머리 일곱과 뿔이 열이 있다(3절).
- 꼬리가 하늘의 별 삼분의 일을 끌어다가 땅에 던진다(4절).
- 하늘에서 쫓겨난 옛 뱀 곧 마귀, 사탄, 온 천하를 꾀는 자다(9절).

큰 능력과 권세를 가진 통치자임을 보여준다. 한마디로 어둠의 통치자요 악한 통치자다. 옛뱀 곧 최초의 사람 아담을 넘어뜨린 자임을 상기시킨다. 자세히 말한다면 하와를 넘어뜨렸던 뱀이다. 그래서 여자가 나온 것이다.

옛 뱀, 마귀, 사탄, 천하를 꾀는 자가 용이다. 용이 내쫓김을 당하는데 그의 사자들 곧 귀신들과 함께 내쫓김을 당한다.

마귀와 귀신들은 타락한 천사들이다. 귀신은 잘못된 귀신론을 주장하는 자들의 말처럼 죽은 사람의 영혼이 아니다. 귀신은 타락한 천사들이요 마귀의 종들이다.

7년 대환난 곧 교회 대박해는 마귀의 최대 발악이다. 이들은 자신들의 때가 마지막인 줄 알고 하나님의 자녀들을 무너뜨리려고 한다.

예수님께서는 이 환난에 대하여 다음과 같이 말씀해 주셨다.

> "그때에 큰 환난이 있겠음이라 창세로부터 지금까지 이런 환난이 없었고 후에도 없으리라"(마 24:21).

상상을 초월한 박해임을 기억하라.

13장의 중심단어는 '두 짐승과 666'이다. 그리고 계속해서 7년 대환난에 대한 내용이 나온다.

12장 마지막 절 곧 17절에 용 곧 마귀가 여자의 남은 자손 곧 참 교회와 싸우려고 하는 모습을 보여주었다. 그 예고편에 대한 본편을 13장에서 본격적으로 보여준다. 즉 용이 '짐승을 통해서' 영적 전쟁 곧 교회를 박해한다.

여기서 두 짐승을 바르게 알아야 666도 정확하게 알 수 있다. 666은 두 짐승 중에 바다에서 나온 짐승을 정확히 알아야 해결이 된다. 666에 대한 지식은 144,000만큼 많은 그리스도인들에게 혼란을 주고 있는 내용이다.

지금까지 666에 대한 다양한 견해와 주장들이 있어 왔다.
마호메트, 나폴레옹, 히틀러, 교황 베네딕트 9세, 바오로 5세, 마틴 루터, 존 칼빈, 네로 황제 등등 수많은 주장들이 있었다.
어떤 이들은 어떤 세력이라고 주장한다.
또 어떤 이들은 666이 신용카드, 바코드, QR코드 등을 가리킨다고 주장했다.
요즘 시내를 다니다 보면 종종 '베리칩을 받지 말라'는 팻말을 들고 다니는 사람들을 본다. 요즘은 베리칩이 대세인 것 같다. 전

세계적으로 퍼지고 있다. 러시아에서도 베리칩을 받지 말라고 하는 메시지가 들어와서 돌고 있었다.

과연 666이 베리칩(VeriChip)일까?

요즘 많은 교회가 베리칩으로 잘못 빠지고 있다. 그들을 가만히 보면 정말 안타깝다. 오직 베리칩에만 집중하고 있다. 베리칩을 받으면 지옥이라고 떠들어 대고 있다.

한편으로는 박수칠 만한 것이 하나 있다. 예수님 앞에 바른 신부가 되려고 몸부림을 친다는 것이다. 우리에게는 예수님의 온전한 신부가 되려는 철두철미함이 필요하다. 그러나 잘못된 극단주의는 다른 사람을 정죄하는 우를 범하게 만든다. 교회는 같은 주를 믿으면서 같은 말, 같은 마음, 같은 뜻이 되어야 한다.

교회는 666을 정확히 알아야 한다. 성경을 해석할 때 상황이 기준이 되어서는 안 된다. 성경을 기준으로 시대를 보아야 한다. 그런데 지금까지 수많은 사람들이 시대나 상황을 기준으로 성경을 해석하여 오류에 빠지는 일이 많았다. 참으로 어처구니없는 일은 성경을 자세히 연구하기보다 베리칩을 연구하는 일에 열심을 다한다는 사실이다.

마찬가지로 교회나 목회자들은 이단을 연구하고 공부하는 데 힘쓰는 것보다 성경을 연구하고 공부하는 데 힘쓰는 풍토가 이루어져야 한다. 우리는 이단을 몰라서 무너지는 것이 아니다. 성경을 몰라서 무너지는 것이다.

다시 본문으로 돌아가 보자.

13장에 두 짐승이 나온다. 하나는 바다에서 나온 짐승이고, 또 다른 하나는 땅에서 올라온 짐승이다.

참고로 바다에서 올라온 짐승은 가장 강력한 파괴자요 흔히 악한 존재를 가리킨다(욥 41:34; 사 27:1).

바다에서 나온 짐승을 보라. 뿔이 열이요, 머리가 일곱이다. 이는 마귀와 닮은꼴이다(계 12:3). 이 짐승이 세상을 통치한다. 세상의 마지막 통치자다. 용의 닮은꼴이 짐승이요, 짐승의 닮은꼴이 불신자다.

이 짐승의 모습에는 하나님을 모독하는 이름이 있다. 그 짐승은 표범과 비슷하고, 그 발은 곰의 발 같고, 그 입은 사자의 입 같다. 이것은 다니엘서 7장에 나오는 네 짐승과 비슷하다. 이 네 짐승은 바벨론, 메대파사, 헬라, 로마 나라의 왕을 의미한다.

이 나라들은 인류 역사 가운데에 세상을 통치하였다. 그런데 이 네 짐승도 모두 바다에서 나온 짐승으로 되어 있다(단 7:3).

본문의 바다에서 올라온 짐승은 다니엘서에 나오는 네 나라 왕 바벨론, 메대파사, 헬라, 로마 왕의 모습을 모두 갖춘 자다. 그 이유는 마귀가 자기 능력과 보좌까지, 그리고 큰 권세까지 다 그에게 주었기 때문이다.

인류 역사상 이렇게 무서운 통치자는 없었다. 마귀가 자신의 모든 것을 이 통치자에게 걸게 된다. 한마디로 가장 강력하고도 포악한 세계 최고 통치자의 모습이다.

또 이 짐승을 이렇게 말해 준다. "그의 머리 하나가 상하여 죽게 된 것 같더니 다시 살아나서 나오는 짐승"이라고 되어 있다(계 13:3). 이 말씀은 17장 8절 이하를 보면 선명하게 알 수 있다.

지금은(사도 요한의 시대=로마 시대) 없는데 장차 나올 짐승을 의미한다. 생명책에 기록되지 못한 자들이 다 놀란다. 전에는 있었는데 있었다가 없어져 버린 짐승이 다시 나오기 때문이다. "이전에 있었다가 지금은 없으나 장차 나올 짐승"은 꼭 예수님의 재림과 비슷하다. 서로 대조가 되어 있다. 이 짐승이 그리스도 흉내를 낼 것을 보여준다. 곧 적그리스도다.

바다에서 나온 짐승은 어떤 세력이 아니라 정확히 왕 곧 통치자를 가리킨다(계 17:18; 단 7:17).

이 짐승이 마흔두 달 동안 성도들을 박해한다. 이 때에 사로잡힐 자는 사로잡혀 가고 칼에 죽을 자는 칼에 죽을 것이다. 여기서 성도들의 인내와 믿음이 필요하다(계 13:5-10).

진정한 승리자는 믿음을 지키는 자다. 육신의 죽음을 당하기까지 적그리스도에게 굴복하지 않는 자가 참된 승리자인 것이다. 이 모든 박해를 이기고 승리의 노래를 부르게 될 자다. 그래서 다음 장에 또 십사만 사천이 나온다.

13장 11절 이하에 또 다른 짐승이 나온다. 이 짐승은 땅에서 나온 짐승이다. 그 모습이 "어린 양같이 두 뿔이 있고 용처럼 말을 하더라"고 되어 있다.

둘째 짐승은 겉으로 볼 때는 순한 양과 같이 보이지만 말은 용처럼 한다. 곧 거짓말을 한다는 것이다. 이것은 사람들을 미혹하기에 최적의 모습이다.

더 나아가서 이 짐승은 엄청난 능력을 행한다.

> "큰 이적을 행하되 심지어 사람들 앞에서 불이 하늘로부터 땅에 내려오게 하고"(13절).

그러나 그는 거짓 선지자다. 19장 20절을 보면 이 짐승이 거짓 선지자라고 명확히 알려 준다. 가장 먼저 불 못 심판을 받는 자가 거짓 선지자다.

이 짐승이 바다에서 올라온 짐승을 경배하게 하고 그 짐승의 우상을 만든다. 바벨론의 느부갓네살이 자기 신상을 만들 듯이 그렇게 하는 것이다.

그런데 그 우상이 말도 하는 기가 막힌 일이 벌어진다. 언젠가 마리아 상이 피눈물을 흘린다는 소문이 있었다. 이것이 바로 마귀가 하는 미혹의 일이다.

땅에서 올라온 짐승 곧 거짓 선지자는 우상이 말을 하게 하고 하늘에서 불이 내려오게도 한다. 그렇게 하여 땅에 거하는 사람들을 미혹하여 바다에서 올라온 짐승과 그 우상을 경배하게 한다. 그렇지 않은 자는 모두 죽이게 한다.

더 나아가 666표를 받게 한다. 즉 온 세상을 바다에서 올라온 짐승의 통치 아래 완전히 들어가게 한다.

이때에 일제시대에 수많은 기독교인들이 신사참배를 했던 것처럼 많은 기독교인들이 그 아래 굴복하며 666표를 받게 된다.

666(육백육십육)

- 짐승의 이름이나 그 이름의 수
- 지혜가 여기 있으니 그 짐승의 수를 세어 보라

여기서 짐승은 바다에서 올라온 짐승을 말한다. 이 짐승이 666과 관련이 있다.

'짐승의 이름이나 그 이름의 수'라고 한다. 이 말은 666이란 짐승의 이름을 상징적으로 나타내는 수라는 뜻이다. 즉 144,000과 같이 666도 하나님만이 아는 사람을 의미한다.

이 짐승에 대하여 17장 8-11절을 보면 자세히 알 수 있다.

"네가 본 짐승은 전에 있었다가 지금은 없으나 장차 무저갱으로부터 올라와 멸망으로 들어갈 자니 땅에 사는 자들로서 창세 이후로 그 이름이 생명책에 기록되지 못한 자들이 이전에 있었다가 지금은 없으나 장차 나올 짐승을 보고 놀랍게 여기리라 지혜 있는 뜻이 여기 있으니 그 일곱 머리는 여자가 앉은 일곱 산이요 또 일곱 왕이라 다섯은 망하였고 하나는 있고 다른 하나는 아직 이르지 아니하였으나 이르면 반드시 잠시 동안 머무르리라 전에 있었다가 지금 없어진 짐승은 여덟째 왕이니 일곱 중에 속한 자라 그가 멸망으로 들어가리라."

여기서 '다섯은 망하였고'에서 다섯은 애굽, 앗수르, 바벨론, 페르시아, 헬라를 의미한다. '하나는 있고'에서 하나는 로마제국이다. "다른 하나는 아직 이르지 아니하였으나 이르면 반드시 잠시 동안 머무르리라"는 일곱째 왕이다.

그리고 여덟째 왕에 대해서는 "전에 있었다가 지금 없어진 짐승은 여덟째 왕이니 일곱 중에 속한 자라"고 되어 있다. 바로 이 여덟째 왕이 바다에서 올라온 짐승, 곧 666과 관련된 통치자다.

이 통치자는 애굽, 앗수르, 바벨론, 페르시아, 헬라, 로마 중에서 다시 나올 나라의 왕이다.

다니엘서에서는 성도의 대박해를 로마 왕이 할 것을 보여준다. 이 말씀은 그대로 성취되었다.

요한계시록에서는 마지막으로 그리스도를 대적하고 성도들을 박해할 적그리스도를 여덟째 왕이라고 말한다(17:11).

애굽 – 앗수르 – 바벨론 – 페르시아 – 헬라 – 로마 – ? – (666)이다.

성경에는 일곱 번째 왕이 누군지 관심이 없다. 다만 여덟 번째 왕이 일곱 중에 속한 자라고 나와 있다. 그리고 전에 있었고 지금은 없으니 로마와 일곱째 왕은 제외된다. 다만 옛날에 있었던 나라 곧 애굽, 앗수르, 바벨론, 페르시아, 헬라 중에서 한 나라가 다시 세워진다는 것이다. 그 나라의 통치자가 666이다.

'지혜가 여기 있으니 그 짐승의 수를 세어 보라.' 이것은 지혜가 여기 있으니 총명한 자는 알 수 있다는 것이다. 그 짐승의 수를 세어 보라고 한다. 이것은 666명이라는 말이 아니다. 또한 그 이름을 풀어 숫자를 헤아려 보라는 말도 아니다.

666은 다섯 중에 하나다. 다섯 중에 누구겠는가? 6이라는 숫자와 관련이 있는 왕이다. 애굽부터 여덟째 왕까지 배열을 하고 세어 보라. 처음 6은 로마다. 그러므로 다니엘서는 로마가 적그리스도의 모습을 보일 것을 예언했던 것이다.

그러나 로마는 아니라고 사도 요한은 알려 준다. 그러면 다른 6을 찾으면 된다. 로마와 같이 하나님의 백성을 괴롭힌 가장 강력한 나라를 다섯 나라에서 뽑으라면 바벨론으로 나온다. 그런데 놀랍게도 바벨론부터 여덟째 왕까지 세어 보면 6이다. 이전에 있었다가 지금은 없으나 장차 나올 짐승이 바로 바벨론을 가리킨다.

여기에 더 확신을 주는 대목이 또 있다. 다니엘서 3장 1절을 보면, 바벨론 왕 느부갓네살이 신상을 만들어 온 세상으로 하여금

거기에 절을 하게 하였는데 놀랍게도 그 신상의 치수가 60규빗, 6규빗으로 나온다. 또한 바벨론은 큰 음녀 곧 큰 성 바벨론과 연결되어 있다.

'666'은 3번째의 바벨론 '3'과 순서를 헤아리는 '6'을 의미하는 상징수임을 알 수 있다. 그래서 6을 세 번 나타냄으로 666이라고 되어 있는 것이다.

결론적으로 666은 이 세상에서 가장 강력한 통치자를 가리킴이요, 적그리스도 곧 사람을 가리키고 있음을 알아야 한다. 666은 현대 시대 이전의 그 어떤 인물도 아니고 바코드나 베리칩도 아니고 그 어떤 세력도 아니다. 이 666은 이것인가, 저것인가 하고 분별을 못하는 것이 아니다. 모두가 알게 되는 것이다. 그때가 되면 666이 무엇인지 자연스럽게 알게 된다. 그리스도인은 몰라서 666을 받는 것이 아니다. 믿음이 없어서 넘어지는 것이다.
끝까지 믿음을 지키라!
더 이상 그 어떤 주장에도 속지 말자!

키워드로 쉽게 푸는 요한계시록 강해

마지막 재앙

14-15장은 마지막 재앙에 대한 경고다. 세상을 향해 최후통첩을 하고 있다. 주의 거룩한 백성들을 박해한 짐승과 그 우상에게 경배하거나 666표를 받은 자들에게 심판을 알리고 있다.

14장을 보라. 중심단어가 '진노', '추수'라는 단어다.

추수는 마지막, 세상 끝을 말한다(마 13:39-43). 즉 거두는 것이다. 진짜와 가짜가 있다. 진짜는 144,000이다. 가짜는 큰 성 바벨론이다. 144,000은 거룩한 성 새 예루살렘이다.

144,000을 성도라고 표현하고 있다(4-5, 12절). 하나님의 계명과 예수에 대한 믿음을 지키는 자라고 일컫는다.

가짜의 모습은 큰 성 바벨론, 짐승과 그 우상에게 경배하는 자, 666표를 받은 자다(8-9절).

추수는 알곡과 쭉정이로 나뉘진다. 예수님이 추수하신 것은 알곡이고, 천사가 추수한 것은 쭉정이 곧 심판받을 자들이다. 불과 유황으로 세세토록 고난을 받을 자들이다. 이들은 밤낮 쉼을 얻지 못할 것이다.

14절에 '구름 위에 앉으셨다'는 의미는 재림 준비가 다 되셨다는 뜻이요, 마지막이 되었다는 말이다.

천사들은 다음과 같이 선포한다.

- 심판의 때가 이르렀으니 창조주께 경배하라(6-7절).
- 큰 성 바벨론이 무너졌도다 무너졌도다(8절).
- 누구든지 짐승과 그의 우상에게 경배하고 그의 이름표를 받는 자는 벌을 면치 못하리라 성도들이여 인내하라(9-11절).
- 주 안에서 죽는 자들은 복이 있도다(13절).
- 당신의 낫을 휘둘러 거두소서 땅의 곡식이 다 익어 거둘 때가 이르렀음이니이다(14-16절).

- 네 예리한 낫을 휘둘러 땅의 포도송이를 거두라(17-20절).

15장을 보자. 14장과 같이 승리자의 노래가 나온다. 마지막 재앙이 있음을 알리고 있다.

이것은 우리에게 끝까지 이겨서 승리의 노래를 부르는 자가 되도록 일깨워 준다. 여기서 중요한 단어는 '의롭다', '참되다'이다. 즉 하나님의 심판이 의로우신 일이요, 참되신 일이라는 말이다. 다시 말해서 이 심판은 의로운 심판이요, 말씀하신 대로 그대로 심판하시는 일이라는 것이다.

이제 곧 마지막 재앙 곧 일곱째 나팔 재앙 곧 일곱 대접 재앙이 임할 것을 보여준다. 마지막 재앙이 마치기까지는 아무도 성전에 못 들어간다고 강조하고 있음을 놓치지 않아야 한다.

16-18장은 드디어 마지막 재앙이다.

16장에 마지막 재앙이 다 나온다. 17-18장은 마지막 재앙 중 가장 끝에 심판받는 큰 성 바벨론에 대한 내용을 구체적으로 다시 알려 주고자 한 것이다.

마지막 재앙에서 중요한 말씀이 있다. "하나님의 심판은 참되고 의로우시도다"라는 말씀이다. 왜 이런 말을 자꾸 쓸까? 이것은 하나님의 심판은 참됨을 보여주는 것이요, 하나님의 심판은 의로우심을 보여주는 것이다. 심판은 참을 배우는 것이다. 또한 심판은 의를 배우는 것이다. 그것이 심판이다.

이사야 선지자는 이렇게 예언하고 있다.

"주께서 땅에서 심판하시는 때에 세계의 거민이 의를 배움이니이다"(사 26:9).

이 말씀대로 예수님이 이 땅에 오심은 심판하러 오신 것이었다(마 12:18). 곧 의를 알리러 오신 것이다. 기독교인들은 이것을 분명히 알아야 한다. 이것이 복음이다. 예수님을 배우는 것은 참을 배우는 것이다. 예수님을 안다는 것은 의를 아는 것이다.

교회는 의의 집단이다. 복음은 악을 용납하는 것이 아니다. 악에서 구원하는 것이다. 어떤 이들은 복음에 대한 오해를 한다. 모든 악을 용납하는 줄 안다. 다시 말하지만 복음은 의에 분명하게 서는 것이다. 복음은 하나님께 분명하게 서는 것이다.

16장의 중심단어는 '쏟으라'는 단어다.
즉 심판의 리얼한 표현이다. 진노가 내린다는 의미다. 성전에서 명령이 떨어진다. 하나님과 어린 양의 명령이다. 그 명령을 따라 천사들이 차례대로 쏟는다. 여기서 다시 말하지만 1차, 2차, 마지막 재앙은 모두 천사를 통해 실행됨을 알아야 한다. 1차 재앙에서 첫 재앙을 내리는 '흰 말 탄 자'를 그리스도 또는 적그리스도라는 가르침에 빠지는 이들을 보기 때문에 다시 강조하는 바다.

첫째 대접은 땅에다 쏟는다. 짐승의 표를 받은 자들, 첫 번째 짐승에게 경배한 자들에게 악하고 독한 종기가 난다. 욥이 받았던 피부병과 같은 종류다. 그 질병이 얼마나 고통스러우면 자기가 태어난 자체를 저주할 정도다.

둘째 대접은 바다에 쏟는다. 바다의 모든 생물이 다 죽는다. 2차 재앙 때는 3분의 1만 죽지 않았던가? 이제는 전멸이다.

셋째 대접은 강, 물의 근원에 붓는다. 모든 강과 샘이 다 피가 되어 버린다. 사람들이 물 대신 피를 마시게 된다. 하나님의 보응이다. 하나님의 백성들을 죽인 죄에 대한 갚으심이다. 피 흘려 죽은 성도들을 신원하심이다.

넷째 대접은 해에다 쏟는다. 해가 뜨거운 불을 내려 사람을 태운다. 수많은 사람이 불에 타 죽는다. 그래도 사람들이 하나님의 이름을 비방하며 회개하지 않는다.

다섯째 대접은 짐승의 왕좌에 쏟는다. 666의 짐승이다. 그 나라가 어두워지고 사람들이 자기 혀를 깨무는 극한 고통이 온다. 그래도 하나님을 비방하며 회개하지 않는다.

여섯째 대접은 큰 강 유브라데에 쏟는다. 이곳은 중동 쪽이다. 그때 강물이 말라 버린다. 귀신의 영이 이적을 행하여 전 세계의 통치자들을 소집한다. 모두 미혹하여 마지막으로 그리스도의 군대와 전쟁을 일으키려고 모이는 것이다(16:14, 19:19). 일명 아마겟돈 전쟁이다. 역대하 35장 22절에 나오는 므깃도 골짜기 같은 곳이다. 마지막 멸망을 시키기 위한 하나님의 섭리이시다.

일곱째 대접은 큰 성 바벨론에 쏟아진다. 마지막으로 임하는 하나님의 진노다. 두 가지로 재앙을 내린다. 먼저 큰 지진이다. 역사 이래로 없었던 가장 큰 지진이다. 큰 성이 세 갈래로 갈라진다. 그리고 만국의 모든 성들이 무너진다. 모든 섬이 없어진다. 온 땅에 각 산들도 없어진다.

여기에 큰 우박이 떨어진다. 우박 하나의 무게가 60kg에 달한다. 한마디로 무섭고 두렵다. 엄지손가락만 한 우박이 떨어져도 차가 찌그러진다. 어느 정도일지 상상을 해 보라. 이런 영화를 만들어야 한다.

그럼에도 불구하고 놀라운 사실은 사람들이 하나님을 비방한다는 것이다. 이렇게 인간이 악하다. 사실 이 재앙은 회개를 요청하기 위해 심판을 내리는 것이 아니다. 심판은 악을 멸함이다. 악한 자들은 끝까지 악한 것이다. 우리가 회개한 것은 은혜이다. 하나님께로 난 은혜다.

마지막 재앙은 교회를 박해함에 대한 보응이다. 곧 7년 대환난을 통과한 하나님의 백성, 즉 끝까지 짐승의 표를 받지 않고 믿음을 지킨 성도들을 위한 심판인 것이다. 하나님은 반드시 보응하신다.

17-18장을 보자.

이 장은 마지막 재앙 중 일곱째 대접 재앙을 받을 큰 성 바벨론의 모습을 구체적으로 보여준다. 17장은 큰 성 바벨론 곧 '큰 음녀'의 정체를 낱낱이 보여준다. 18장은 그 음녀의 멸망하는 모습을 생생히 보여주고 있다.

과연 '큰 음녀' 곧 큰 성 바벨론은 누구일까?

요한계시록에서 여자(12장)와 음녀(17장)는 서로 대조되고 있다. 즉 정결한 여자와 더러운 여자다. 곧 참된 교회와 거짓 교회다. 이것이 거룩한 성 예루살렘과 큰 성 바벨론이다. 그는 만국을 음행으로 미혹하여 하나님의 진노를 받게 하는 자다(14:8, 18:3).

큰 음녀는 무엇을 의미하는가?

세상적 교회(종교)다.

17장 1절에 '많은 물 위에 앉은'이라고 되어 있고, 2절에 '땅의 임금들도 그와 더불어 음행하였고 땅에 사는 자들도 그 음행의 포도주에 취하였다'라고 되어 있다. 15절에서는 음녀가 앉아 있는

물이 '백성과 무리와 열국과 방언들', 곧 온 세상임을 알려 준다.

다시 말해서 세상과 짝을 한 교회요 종교임을 보여준다. 사도 요한은 세상과 짝하는 교회는 그 속에 아버지의 사랑이 없다고 하였다(요일 2:15).

야고보서에도 세상과 짝하는 것은 하나님의 원수 됨이요 간음하는 여자 곧 음녀로 말하고 있다(약 4:4). 이스라엘의 멸망도 세상과 짝함으로 오는 것이었음을 구약은 보여준다.

정치적 교회(종교)다.

17장 3절에 '붉은 빛 짐승을 탔는데'라고 되어 있고, 18절에 '그 여자는 땅의 왕들을 다스리는' 이라고 되어 있다. 붉은 빛 짐승은 13장에서 보여준 바다에서 올라온 첫째 짐승 곧 세상에서 가장 강력한 통치자를 의미한다. 다시 말해서 '큰 음녀'는 가장 악하고 힘이 센 통치자의 등을 업는 교회다.

여기서 한 가지 알 수 있는 것은 정치적 집단의 대표적 특징은 정욕적이라는 것이다. 이들은 자기 이익을 위해서는 어떠한 짓도 서슴없이 행한다. 이들은 자신의 욕구를 채우기 위해 서로 친구가 되었다가도 어느새 서로 원수가 되기도 한다.

"네가 본 바 이 열 뿔과 짐승은 음녀를 미워하여 망하게 하고 벌거벗게 하고 그의 살을 먹고 불로 아주 사르리라"(계 17:16).

혼합적 교회(종교)다.

17장 4절에 "그 여자는 자주 빛과 붉은 빛 옷을 입고 금과 보석과 진주로 꾸미고 손에 금 잔을 가졌는데 가증한 물건과 그의 음행의 더러운 것들이 가득하더라"고 기록되어 있다.

그리고 5절에 "그의 이마에 이름이 기록되었으니 비밀이라, 큰 바벨론이라, 땅의 음녀들과 가증한 것들의 어미라"고 되어 있다.

바벨론은 '혼란', '혼잡', '혼합'과 관련이 있다(창 11:9). 특별히 성경에서 '가증한 것'은 거룩함을 떠난 것들이나 행위 등을 말한다. 대표적으로 우상숭배, 부도덕한 성행위, 잘못된 제사, 부정한 모든 것들이다. 누가복음 16장 15절에는 사람들 앞에 높임 받는 것도 가증한 것으로 되어 있다.

성경에서 혼합시키는 것에 대한 대표적인 사건으로 발람의 꾀 또는 발람의 교훈을 자주 언급한다. 발람은 모압 왕 발락을 가르쳐 이스라엘 자손 앞에 걸림돌을 놓아 행음하게 하고 우상(바알)의 제물을 먹게 하였다.

오늘의 교회운동 속에 사랑이라는 미명하에 거룩을 무시한 일들을 하고 있음을 본다. 일치라는 그럴듯한 슬로건으로 가증한 것들을 받아들이는 행위들을 본다.

이 큰 음녀를 보라! 겉으로는 그럴싸하다. 그러나 그 속에는 더러움으로 가득하다. 순수하지 않은 교회다.

속이 더러운데 크면 뭐하는가? 겉으로만 주님의 자녀인 듯 행세하면 뭐하는가?

혼합주의에서 벗어나라! 순수함이 없는 교회에서 떠나라! 거룩함이 없는 교회는 사랑이 존재할 수 없다.

마귀적 교회(종교)다.

17장 6절에 "이 여자가 성도들의 피와 예수의 증인들의 피에 취한지라"고 말씀하고 있다. 또한 14절에 "어린 양과 더불어 싸우려 니와"라고 되어 있다.

거룩한 성도들과 싸운다. 예수님을 증거하는 자들을 죽인다.

예수님을 대적한다. 즉 적그리스도적 교회요 마귀적 교회다. 마귀는 대적자다. 마귀는 함께 있다가 나간 자다.

이단의 특징이 마귀적이다. 이단교회나 종교들은 그 특징이 철저히 대적하여 싸우고 죽이는 일을 서슴없이 자행한다는 것이다. 이슬람교를 비롯하여 여호와의 증인, 신천지, 하나님의 교회 등등 수많은 이단들을 주의하라!

특별히 큰 음녀는 참된 그리스도인을 죽이는 교회라는 사실에 눈여겨볼 것이다.

이처럼 큰 음녀는 세상적이고 정욕적이며 마귀적인 교회요 종교임을 알 수 있다.

18장에도 이를 입증하는 표현들이 있다. '사람의 영혼들'을 매매하고, '복술을 통해 미혹'한다고 되어 있다.

또한 이 음녀는 그냥 음녀가 아닌 큰 음녀다. 그대로 푼다면 음탕한 여자다. 더러운 여자다. 깨끗하고 순결한 여자와 대조가 된다. 그 불순한 자 중에서도 가장 대표적이며 거대한 여자다. 한마디로 대매춘부다. 5절에 그 음녀의 이마에 비밀스러운 이름이 있다고 되어 있다. 그 이름이 감추어져 있다는 것이다.

그 감추어진 것을 우리에게 가르쳐 준다. 주님의 참된 교회를 박해했던 두 짐승 곧 666과 관련이 있음을 보여준다.

큰 성 바벨론! 큰 음녀!

이 음녀는 '땅의 음녀들의 어미'요, '가증한 것들의 어미'다. 이 세상에 음녀가 많다. 즉 더러운 교회와 종교가 엄청나게 많다. 그들은 옳은 길로 인도하는 것처럼 포장되어 있지만. 음녀는 결코 좋은 씨를 낼 수 없다. 더러운 자식들만 양산할 뿐이다.

음녀에 대한 보다 정확한 정보를 알려면 잠언의 말씀을 들여다보아야 한다. 잠언서는 이 음녀에 대하여 어떻게 말하고 있는지, 또한 이 음녀를 따르는 자 곧 미혹된 자들의 모습이 어떠한지를 상세히 기록해놓고 있다.

> "지혜가 또 너를 음녀에게서, 말로 호리는 이방 계집에게서 구원하리니 그는 젊은 시절의 짝을 버리며 그의 하나님의 언약을 잊어버린 자라 그의 집은 사망으로, 그의 길은 스올로 기울어졌나니 누구든지 그에게로 가는 자는 돌아오지 못하며 또 생명 길을 얻지 못하느니라"(잠 2:16-19).

"대저 음녀의 입술은 꿀을 떨어뜨리며 그의 입은 기름보다 미끄러

우나 나중은 쑥 같이 쓰고 두 날 가진 칼 같이 날카로우며 그의 발은 사지로 내려가며 그의 걸음은 스올로 나아가나니 그는 생명의 평탄한 길을 찾지 못하며 자기 길이 든든하지 못하여도 그것을 깨닫지 못하느니라"(잠 5:3–6).

"내 아들아 내 말을 지키며 내 계명을 간직하라 내 명령을 지켜 살며 내 법을 네 눈동자처럼 지키라 이것을 네 손가락에 매며 이것을 네 마음판에 새기라 지혜에게 너는 내 누이라 하며 명철에게 너는 내 친족이라 하라 그리하면 이것이 너를 지켜서 음녀에게, 말로 호리는 이방 여인에게 빠지지 않게 하리라 내가 내 집 들창으로, 살창으로 내다보다가 어리석은 자 중에, 젊은이 가운데에 한 지혜 없는 자를 보았노라 그가 거리를 지나 음녀의 골목 모퉁이로 가까이하여 그의 집쪽으로 가는데 저물 때, 황혼 때, 깊은 밤 흑암 중이라 그때에 기생의 옷을 입은 간교한 여인이 그를 맞으니 이 여인은 떠들며 완악하며 그의 발이 집에 머물지 아니하여 어떤 때에는 거리, 어떤 때에는 광장 또 모퉁이마다 서서 사람을 기다리는 자라 그 여인이 그를 붙잡고 그에게 입 맞추며 부끄러움을 모르는 얼굴로 그에게 말하되 내가 화목제를 드려 서원한 것을 오늘 갚았노라 이러므로 내가 너를 맞으려고 나와서 네 얼굴을 찾다가 너를 만났도다 내 침상에는 요와 애굽의 무늬 있는 이불을 폈고 몰약과 침향과 계피를 뿌렸노라 오라 우리가 아침까지 흡족하게 서로 사랑하며 사랑함으로 희락하자 남편은 집을 떠나 먼 길을 갔는데 은 주머니를 가졌은즉 보름날에나 집에 돌아오리라 하여 여러 가지 고운 말로 유혹하며 입술의 호리는 말로 꾀므로 젊은이가 곧 그를 따랐으니 소가 도수장으로 가는 것 같고 미련한 자가 벌을 받으려고 쇠사슬에 매이러 가는 것과 같도다 필경은 화살이 그 간을 뚫게 되리라 새가 빨리 그물로 들어가되 그의 생명을 잃어버릴 줄을 알지 못함과 같으니라 이제 아들들아 내 말을 듣고 내 입의 말에 주의하라 네 마음이 음녀의 길로 치우치지 말며 그 길에 미혹되지 말지어다 대저 그가 많은 사람을 상하여 엎드러지게 하였나니 그에게 죽은 자가 허다하니라 그의 집은 스올의 길이라 사망의 방으로 내려가느니라"(잠 7:1–27).

"대저 음녀는 깊은 구덩이요 이방 여인은 좁은 함정이라 참으로 그는 강도같이 매복하며 사람들 중에 사악한 자가 많아지게 하느니라 재앙이 뉘게 있느뇨 근심이 뉘게 있느뇨 분쟁이 뉘게 있느뇨 원망이 뉘게 있느뇨 까닭 없는 상처가 뉘게 있느뇨 붉은 눈이 뉘게 있느뇨 술에 잠긴 자에게 있고 혼합한 술을 구하러 다니는 자에게 있느니라 포도주는 붉고 잔에서 번쩍이며 순하게 내려가나니 너는 그것을 보지도 말지어다 그것이 마침내 뱀 같이 물 것이요 독사 같이 쏠 것이며 또 네 눈에는 괴이한 것이 보일 것이요 네 마음은 구부러진 말을 할 것이며 너는 바다 가운데에 누운 자 같을 것이요 돛대 위에 누운 자 같을 것이며 네가 스스로 말하기를 사람이 나를 때려도 나는 아프지 아니하고 나를 상하게 하여도 내게 감각이 없도다 내가 언제나 깰까 다시 술을 찾겠다 하리라"(잠 23:27-35).

잠언의 '지혜'는 예수님을 의미한다. 모든 가르침들이 지혜의 가르침이라고 하더라도 모두 성경이 말하는 지혜와 진리는 아니다.

가르침을 주의하라! 음녀를 가리켜 '말로 호리는'이라고 표현하고 있다. 하나님이라는 표현을 쓴다고 해도 주의하라. 예수님 외에 다른 어떤 이름을 하나님 또는 구원자로 말하는 자는 모두 음녀이다.

그래서 사도행전에서는 끊임없이 예수 이름을 강조하고 있는 것이다.

"다른 이로써는 구원을 받을 수 없나니 천하 사람 중에 구원을 받을 만한 다른 이름을 우리에게 주신 일이 없음이라"(행 4:12).

큰 음녀는 거짓교회요, 거짓 가르침의 어미요, 혼합된 가르침의 어미다. 또한 세상의 사람들을 멸망으로 인도하는 자다. 그리고 그리스도인 곧 예수만 따르는 자들을 핍박하고 죽인다(6절).

사도 요한은 이 음녀를 보고 놀랍게 여기고 크게 놀랍게 여겼다고 되어 있다.

큰 음녀는 세상적 교회요, 세상적 종교의 어미다.
큰 음녀는 정치적 교회요, 정치적 종교의 어미다.
큰 음녀는 혼합적 교회요, 혼합적 종교의 어미다.
큰 음녀는 마귀적 교회요, 마귀적 종교의 어미다.

과연 이 모든 것을 모두 보이고 있는 교회요 종교이며 어미의 역할을 하고 있는 곳이 어디일까?

지금까지 역사적으로 여러 가지 정황을 살펴보면 로마 가톨릭 교회가 가장 가까운 것을 알 수 있다.

참고로 가톨릭교회의 기원, 십자군 전쟁과 수많은 그리스도인(기독교도)들을 죽인 일 등을 자세히 살펴보기를 권한다. 가톨릭교회의 관련 자료들을 검색하여 살펴보면 도움이 될 것이다.

앞으로 계속 마지막에 나타날 최고 통치자와 가톨릭교회의 관계를 주의해서 살펴보아야 할 것이다. 뿐만 아니라 개신교에서 가톨릭교로 개종하는 일을 가볍게 여기면 안 될 것이다.

18장을 보자.
"무너졌도다 무너졌도다 큰 성 바벨론이여!"

"화 있도다 화 있도다 큰 성이여!"

18장은 이 큰 성 바벨론 곧 큰 음녀의 심판받는 모습을 생생하게 보여주고 있다.

여기서 중요한 단어는 '하루 동안' '한 시간에'이다. 즉 순식간에 망한다는 의미다. 악한 자에 대한 하나님의 심판의 대표적 표현이 바로 아무 일이 없다가 갑자기 망하는 것이다.

큰 성 바벨론의 멸망을 보고 그와 함께 땅에서 누렸던 자들이 가슴을 치고 울며 애통한다. 그렇게 탄탄하고 견고한 음녀가 하루 아침에 멸망당했기 때문이다.

또 하나님이 큰 성 바벨론을 어떻게 멸망시키는가? 한마디로 완전한 멸망이다. 그래서 이런 표현을 쓰고 있다.

"결코 다시 보이지 아니하리로다."

"결코 다시 들리지 아니하리로다."

그의 죄가 하늘에 사무쳤기 때문이다. 또한 그의 불의가 하나님께 기억되었기 때문이다.

'큰 음녀', '큰 성 바벨론'

그는 얼마나 자기를 영화롭게 하였는가?

그는 얼마나 사치하였는가?

그는 얼마나 죽였는가?

그는 얼마나 섞였는가?

그가 행한 대로 심판을 받게 된다.
이 음녀의 심판은, 온 땅을 음행으로 더럽게 함에 대한 심판이다. 하나님의 신실한 백성들의 피에 대한 심판이다.

3차 재앙 곧 마지막 재앙은 온 세상과 짐승의 나라와 큰 음녀에 대한 하나님의 진노의 심판이다.
세상의 심판에 대한 말씀은 구약에서부터 신약 전체에 이르기까지 수없이 말씀하고 있다. 또한 노아홍수 심판을 통하여 세계 역사 가운데 생생하게 교훈과 흔적을 남겨 놓았다.
예수님은 말씀하셨다.
"천지는 없어진다. 그러나 내 말은 없어지지 않는다."

사도 베드로는 우리를 이렇게 깨우친다.
"말세에 기롱하는 자들이 나타날 것이다. 그들은 '주의 재림하신다는 약속이 어디 있느냐? 만물이 없어진다는 말이 웬 말이냐? 만물은 지금까지 끄떡없이 그대로 있지 않느냐?' 할 것이다. 그들에게 속지 마라!'

키워드로 쉽게 푸는 요한계시록 강해

하나님 나라

19-22장은 주의 자녀들이 꿈에 그리던 하나님 나라의 도래를 보여주고 있다. 즉 예수님의 재림, 천년 왕국(첫째 부활), 영원한 심판(둘째 사망), 새 하늘과 새 땅을 보여준다. 이것은 매우 순서적이다. 재림 후에 천년 왕국이 오고 천년 왕국이 끝나면서 백보좌 심판과 함께 새 하늘과 새 땅이 온다.

고린도전서 15장 23-25절에서도 이를 입증하고 있다.

"그러나 각각 자기 차례대로 되리니 먼저는 첫 열매인 그리스도요 다음에는 그가 강림하실 때에 그리스도에게 속한 자요 그 후에는 마지막이니 그가 모든 통치와 모든 권세와 능력을 멸하시고 나라를 아버지 하나님께 바칠 때라 그가 모든 원수를 그 발 아래 둘 때까지 반드시 왕 노릇 하시리니 맨 나중에 멸망 받을 원수는 사망이니라."

'차례대로 되리니' 순서가 있음을 보여준다.

그리스도의 재림-첫째 부활(예수님에게 붙은 자)/천년 왕국(저가 모든 원수를 그 발 아래 둘 때까지)-백 보좌 심판/둘째 부활(그 후에는 마지막이니… 맨 나중에 멸망 받을 원수는 사망이니라)

데살로니가전서 4장 16-17절에서도 이를 보여준다.

"주께서 호령과 천사장의 소리와 하나님의 나팔 소리로 친히 하늘로부터 강림하시리니 그리스도 안에서 죽은 자들이 먼저 일어나고 그 후에 우리 살아남은 자들도 그들과 함께 구름 속으로 끌어 올려 공중에서 주를 영접하게 하시리니 그리하여 우리가 항상 주와 함께 있으리라."

그리스도 재림(하늘로부터 강림하시리니)-첫째 부활(그리스도 안에서 죽은 자들이 먼저 일어나고)-새 하늘과 새 땅(그 후에 우리 살아남은 자들도 그들과 함께 구름 속으로 끌어 올려 공중에서 주를 영접하게 하시리니 그리하여 우리가 항상 주와 함께 있으리라)

여기서 한 가지 미리 알고 가고자 한다.

바로 새 하늘과 새 땅에 대한 내용이다. 특별히 그렇게 기다리고 기다렸던 신랑과 신부의 결혼에 대한 내용을 다루고자 한다.

요한계시록에는 신랑 되시는 어린 양 예수님과 신부 되는 십사만 사천의 혼인하는 장면이 21장에 나온다. 21장은 다만 혼인이라는 직접적 표현이 없을 뿐이지 결혼 장면을 다루고 있다.

어떤 이는 19장에서 나오는 혼인기약이 이르렀다는 말씀을 오해하여 19장에서 혼인이 되는 것으로 주장한다. 또한 수많은 성경에도 19장의 제목이 '어린 양의 혼인잔치'라고 되어 있다.

이것은 잘못된 주장이요 성경을 자세히 보지 못함에서 오는 오해다.

앞에서 살펴보았던 데살로니가전서 4장 17절에서 "공중에서 주를 영접하게 하시리니"라는 말씀을 보게 된다. 분명히 이 말씀은 혼인을 의미하고 있는 것이다. '영접하다'를 좀 더 자세히 알기 위해 원어를 살펴보면 '맞이하다'라는 의미의 '$\alpha\pi\alpha\nu\tau\eta\sigma\iota\nu$'을 쓰고 있다. 이 단어는 예수님께서 열 처녀 비유를 하실 때 쓰셨던 단어다.

"보라 신랑이로다 맞으러 나오라"(마 25:6)

(Ιδου ο νυμφιος, εξερχεσθε εις απαντησιν)

정리한다면 예수님 재림(19장)-천년 왕국(20장)-새 하늘과 새 땅/혼인(21장)/새 에덴(22장)이다.

다시 처음으로 돌아가 19장부터 살펴보자.

19장부터 마지막 장까지 '하나님 나라'라는 직접어는 전혀 쓰이지 않았으나 관련어와 그 내용이 이것을 강조하고 있다. 하나님 나라는 이미 11장 15절과 12장 10절에 말씀했던 것인데 그 나라가 드디어 완성되는 모습을 19장에서 22장까지 보여주고 있는 것이다.

잠시 관련어를 찾아보면, 19장 1절에 "구원과 영광과 능력이 우리 하나님께 있도다"라고 기록되어 있다. 2절에는 "그의 심판은", 6절에는 "하나님 곧 전능하신 이가 통치하시도다", 11절에는 "그가 공의로 심판하며", 15절에는 "치겠고…다스리며…밟겠고"라고 기록되어 있다.

20장 4절과 6절에서는 "그리스도와 더불어 왕 노릇 하리라"가 나오고, 11절에 "크고 흰 보좌와 그 위에 앉으신 이를 보니", 마지막으로 21장에서는 1절에 "새 하늘과 새 땅"이 나오고, 22장 5절에

"그들이 세세토록 왕노릇 하리로다"가 나온다.

  참고로 사도 요한은 요한복음과 요한일서, 요한이서, 요한삼서, 요한계시록에서 '하나님 나라'라는 단어를 거의 사용하지 않음을 알아야 한다.
  대신에 예수님과 관계 곧 사랑, 생명, 빛으로 표현하고 있다. 다만 세상 나라와 대조시킬 때만 사용하였다(요 18:36; 계 11:15).

하나님 나라 곧 예수 나라!
아담의 범죄 이후로 역사 가운데 끊임없이 말씀해왔던 나라!
아브라함을 통해 약속했던 나라!
이스라엘을 통해 약속했던 나라!
모세를 통해 약속했던 나라!
다윗을 통해 약속했던 나라!
선지자들을 통해 약속했던 나라!
세례 요한이 외쳤던 나라!
예수께서 외치셨던 나라!
사도들이 전했던 나라!
영원히 망하지 않을 나라!
예수님이 통치하는 나라!

의만 있는 나라!

19장은 바로 그 나라의 도래를 말해 주고 있다. 예수님의 통치 곧 예수님의 재림을 보여준다.
  1-10절까지는 하나님의 통치 곧 그리스도의 통치에 대한 노래다. 할렐루야! 할렐루야!

하나님의 심판과 구원하심에 대해 경배한다. 어린 양의 혼인잔치가 가까웠음을 노래한다. 7절의 어린 양의 혼인은 21장에서 보여준다. 어린 양의 신부는 빛나고 깨끗한 세마포를 입은 성도들이다. 곧 옳은 행실을 가진 자들이다. 곧 거룩한 성 예루살렘이다.

19장 11-21절은 만국을 다스릴 백마 탄 자 곧 예수님의 재림의 모습을 보여준다.
  온 세상의 주인 노릇을 하며 성도들을 박해했던 두 짐승과 그 군대를 멸하는 내용과 첫 번째 불 못 심판 대상이 나온다.

여기서 잠시 불 못 심판에 대하여 나눠 보자. 불 못 심판은 곧 영원한 심판을 의미한다.
  가장 먼저 불과 유황 못에 들어가는 자는 두 짐승이다. 그것도 산 채로 던져진다(19:20).

　두 번째로 불 못에 들어가는 자는 마귀다(20:10).

　세 번째로 불신자들이 들어간다(20:12-13).

　마지막으로 사망과 음부까지 불 못에 던져진다(20:14).

　이것은 더 이상 사망이나 죽음이 없게 됨을 보여주는 것이다. 불신자의 심판은 20장에서 자세히 다루겠다.

20장을 살펴보자.

천년 왕국 곧 첫째 부활과 곡과 마곡 전쟁 그리고 백 보좌 심판이 나온다.

천년 왕국은 '이 땅에서의 그리스도 나라'를 의미한다. 5장 10절을 보면 "그들이 땅에서 왕 노릇 하리로다"라고 되어 있다. 땅에서다. 하늘이 아니다. 11장 15절에는 "세상 나라가 우리 주와 그의 그리스도의 나라가 되어"라고 되어 있다. 20장 8절에도 '땅'이 나온다. 이 세상에서 이뤄질 나라다. 하늘나라가 아니다. 이것이 천년 왕국이다.

이것은 다니엘이 보았던 그 나라다(단 7:1-28). 다니엘이 네 짐승 곧 네 왕에 대한 환상을 본다. 사자, 곰, 표범, 그보다 더 강한 모습의 짐승과 그리스도의 재림으로 이뤄질 나라였다. 다니엘서 7장은 요한계시록 19장부터 시작되어 20장 6절까지 이어지는 말씀과 일치한다. 예수님을 통해 이뤄질 천년 왕국이다.

또한 천년 왕국은 '첫째 부활에 참여한 자'가 왕 노릇 하게 된다(5절). 이들은 4절에 "예수를 증언함과 하나님의 말씀 때문에 목 베임을 당한 자들의 영혼들과 또 짐승과 그의 우상에게 경배하지 아니하고 그들의 이마와 손에 그의 표를 받지 아니한 자들"이라고 되어 있다. 곧 끝까지 믿음을 지킨 자인 참된 그리스도인들을 의미한다.

또한 왜 이 땅에 천년 왕국이 이루어지는가? 천년을 지나고 나서 곡과 마곡의 전쟁이 있다. 이는 이 땅에서 잠깐 일어날 사건이다. 여기서 곡과 마곡은 누구를 가리킬까?

> "천 년이 차매 사탄이 그 옥에서 놓여 나와서 땅의 사방 백성 곧 곡과 마곡을 미혹하고 모아 싸움을 붙이리니 그 수가 바다의 모래 같으리라"(7-8절).

곡과 마곡을 '땅의 사방 백성'이라고 표현하고 있다. 또한 9절에 "그들이 지면에 널리 퍼져"라고 되어 있다. 이 말은 동서남북으로 퍼져 있는 자들임을 보여준다. 즉 온 땅에 확장되어 있는 백성들 곧 창대함을 알 수 있다.

이들은 창세기 10장 3절에 나온다. 그리고 에스겔 38장 2절에도 나온다. 이들은 야벳의 후손들이다. 야벳이라는 이름의 뜻이 '확장'이다. 곧 하나님이 넓히셨다는 말이다. 그런데 그의 후손인 마곡도 '확장', '곡의 땅'이라는 이름의 뜻을 가지고 있다. 이를 좀 더 알 수 있는 것은 창세기 9장 27절에서 야벳을 가리켜 표현하기를

'하나님이 창대하게 하사', '셈의 장막에 거했다'라고 한다.

이것을 종합해 볼 때 곡과 마곡은 셈의 후손들과 함께했던 자 즉 하나님의 백성 이스라엘의 가족과 같은 자들이었음을 알 수 있다.

한마디로 곡과 마곡은 마지막까지 하나님께서 은혜를 베풀어 주신 자들임을 알 수 있다.

그런데 이 은혜를 저버리고 자신들의 그늘과 같았던 이스라엘을 배신하여 침략한 것이다.

놀랍게도 에스겔 38장 16절에는 이렇게 예언되어 있다.

"곡아 끝 날에 내가 너를 이끌어다가 내 땅을 치게 하리니 이는 내가 너로 말미암아 이방 사람의 눈 앞에서 내 거룩함을 나타내어 그들이 다 나를 알게 하려 함이라."

곡과 마곡의 전쟁도, 그 다음에 나오는 백 보좌 심판도 한마디로 하나님의 거룩함을 드러내는 일이다.

여기서 한 가지 덧붙인다면, 에스겔서는 요한계시록을 해석하는 데 큰 도움을 준다. 요한계시록의 기록들이 매우 순서적으로 되어 있음에도 불구하고 지금까지 많은 주장들이 그 순서가 들쑥

날쑥하였다.

특히 얼토당토하지 않은 무천년설과 후천년설 그리고 휴거 등으로 오랫동안 교회를 혼란스럽게 해왔다.

에스겔서는 요한계시록의 기록이 그 순서대로 되어 있음을 그대로 입증해 주고 있다.

에스겔 37장은 요한계시록 20장 앞부분에 나오는 첫째 부활과 연결되고, 에스겔 38-39장은 요한계시록 20장 뒷부분에 나오는 곡과 마곡 전쟁과 연결된다. 에스겔 40-48장은 요한계시록 21-22장의 새 예루살렘과 성전 곧 새 하늘과 새 땅으로 동일하게 연결되어 있다.

다시 20장 11절 이하로 돌아가 보자.

여기에는 백 보좌 심판이 나온다. 이것은 둘째 사망 곧 둘째 부활이다. 둘째 부활은 불신자들의 영원한 심판을 위한 부활이다.

부활이라는 직접적 단어는 없다. 그러나 13절에 '내주고', '내주매'라는 단어가 바로 부활을 의미한다.

"바다가 그 가운데에서 죽은 자들을 내주고"

"또 사망과 음부도 그 가운데에서 죽은 자들을 내주매"

"각 사람이 자기의 행위대로 심판을 받고"

첫째 부활은 선한 일을 행한 자의 부활이요 생명의 부활이다.

둘째 부활은 악한 일을 행한 자의 부활이요 심판의 부활이다(요 5:29).

곧 둘째 부활은 그리스도께 속하지 않은 자들을 다시 살려서 영원한 불과 유황 못에 넣는 심판이다.

성경에서 사망은 영적 심판을 의미한다. 첫째 사망은 아담의 불순종으로 온 하나님과 인간의 단절을 말함이요, 둘째 사망은 불못 심판 곧 하나님과 영원한 단절을 의미한다.

생명 곧 영생은 하나님과 영원히 함께하는 것을 의미한다(계 21:3).

이것이 인간의 생명 또는 사망의 본질이다. 사람의 본질은 육이 아니다. 육은 흙이다. 창세기 1장에서 사람의 형상 곧 모양은 본래 하나님의 형상이었다. 즉 영이라는 말이다. 그래서 창세기 2장 7절에 '생령'이라고 한 것이다.

그래서 예수님은 살리는 것은 영이니 육은 무익하다고 하신 것이다(요 6:63).

예수님이 우리 안에 계셔야 생명이다. 예수님과 결혼해야 영원히 사는 것이다. 곧 영생이다.

마지막으로 사망과 음부도 불 못에 던져진다(14절; 고전 15:26). 이것이 곧 백 보좌 심판이다.

천년 왕국은 그리스도가 재림하여 이뤄진다. 천년 왕국 전에는 짐승이 세상을 통치한다. 천년 왕국부터는 그동안 끊임없이 말씀해왔던 그리스도 왕국 곧 예수님의 통치하심이 이루어진다. 그리고 마지막으로 아버지께 바친다. 그때까지 그리스도가 왕 노릇하는 것이 천년 왕국이다. 모든 원수를 발 아래 둘 때까지 반드시 왕 노릇 한다(고전 15:28).

마지막으로 21-22장에 '새 하늘과 새 땅'이 나온다. 그렇게 사모하고 기다린 하늘나라다.

여기에서도 먼저 한 가지 짚고 넘어가고자 한다. 하나님 나라 또는 하늘나라에 대한 우리의 의식을 점검해 보았으면 한다. 하나님 나라 또는 하늘나라는 우리가 흔히 알고 있는 세계가 아닌 전혀 다른 차원의 개념을 의미한다.

이것을 좀 더 정확히 말한다면, 하나님 나라는 통치적 개념이요 하늘나라 곧 천국은 장소적 개념이다. 천국이라는 단어는 복음서 중에서 유일하게 마태복음에만 나온다. 마가복음과 누가복음에서는 동일한 구절에서도 모두 하나님 나라라고 되어 있다.

왜 마태복음에서는 천국이라고 했을까?

동일하면서도 전혀 다른 차원의 나라임을 말해 주고자 함이다. 왜냐하면 마태복음에서는 천국이 중심단어이지만 하나님 나라는 단어도 조금 나오고 있다. 천국은 하늘나라를 말한다. 우리가 살고 있는 이 땅이 아니다.

하나님은 믿음의 조상 아브라함에게 땅과 자손을 약속하셨다. 곧 하나님 나라다. 그런데 그 땅은 이 세상에 있는 땅을 말함이 아니었다.

"그들이 이제는 더 나은 본향을 사모하니 곧 하늘에 있는 것이라"

(히 11:16).

사도 베드로는 분명히 말해 준다. 우리가 현재 살고 있고 보고 있는 지금의 하늘과 땅은 분명히 없어진다.

그런데 말세에 조롱하는 자들이 나타나서 '무슨 말이냐? 지금까지 존재해온 만물이 없어지다니… 거짓말이다'라고 할 것이다. 그러나 분명히 알라! 노아시대에 물로 심판했던 것처럼 이제는 불로 심판할 것이다.

우리 그리스도인은 오직 '그 날을 바라보고', '하나님의 의가 있는 새 하늘과 새 땅을 바라보도다.'

마태복음은 유대인들을 대상으로 쓰여진 복음서다. 유대인들은 하나님의 통치를 기본으로 알고 있는 자들이다. 특별히 말을 안 해도 다 아는 사실이다. 다른 나라 모든 이방인들은 몰라도 자신들만이 철저히 하나님의 통치 아래 있다고 생각하고 있다.

문제는 그들에게 천국이 없었다. 그들의 하나님 나라는 현재의 이스라엘 땅에서 이뤄질 것으로만 알고 있었다.

반면에 이방인들은 하나님의 통치 개념을 잘 모른다. 그러기에 마가복음이나 누가복음은 하나님의 통치 개념인 하나님 나라를 강조하는 것이다.

현대 기독교인들에게 걱정되고 있는 것이 있다. 그것은 천국관이 뚜렷하지 않다는 것이다. 지금은 천국이라는 표현보다 하나님 나라라는 표현을 더 많이 쓴다. 어떤 이는 천국이라는 표현은 좀 수준 낮은 사람들이 사용하는 표현이고, 하나님 나라라는 표현은 훨씬 고상하고 수준 있는 표현으로 생각한다.

우리 한국교회를 보아도 이러한 경향을 쉽게 볼 수 있다. 우리 초창기 믿음의 조상 곧 믿음의 1, 2 세대들은 하나님 나라라는 표현은 거의 사용하지 않고 오히려 천국이라는 표현을 주로 사용했다. 그들은 항상 이 세상이 아닌 새로운 곳 하나님이 예비하신 천국 곧 하늘을 바라보며 살아왔다.

그런데 요즘에 와서는 오히려 천국이라는 단어는 줄어들고 하나님 나라라는 단어가 익숙하다. 그러다보니 오히려 세상 사람들보다 하늘 또는 천국이라는 단어를 덜 쓰고 있다. 또한 하늘에 대한 의식이 흐려지거나 부인하는 일까지 벌어지고 있다.

다시 본문으로 돌아가 보자.
왜 많은 사람들이 죽을 때 두려워할까? 그 이유는 무서운 심판이 있기 때문이다(히 9:27). 그러나 그리스도 안에 있는 자는 결코 두려움이 있을 수 없다. 다만 칭찬과 존귀와 영광만이 있는 것이다.

백 보좌 심판은 그리스도 안에 있었던 자들에게는 아무 관련이 없는 일이다.

새 하늘과 새 땅!

곧 신천지 선포다. 이 표현만큼 우리를 감동시킬 수 있는 말이 있을까? 이렇게 멋있고 아름다운 말을 그 누가 들을 수 있을까? 오직 그리스도 예수께 속한 자들에게 해당되는 말이다. 그런데 이 말을 그리스도께 속하지 않은 자들이 자신들에게 해당되는 말인 줄 착각하고 사용한다.

신천지 곧 새 하늘과 새 땅은 하나님 나라의 완성이다.
"하나님이 그들과 함께 계시리니"
"다시는 사망이 없고"
"다시는 애통하는 것이 없고"
"다시는 곡하는 것이나 아픈 것이 없고"

신천지는 새 출발이다(21:5).
신천지는 하나님의 약속 성취다(21:6).

신천지는 완전함의 회복이요 영광이다(21:11,23).

누가 새 하늘과 새 땅에 들어가는가?

- 이기는 자(21:7)
- 신부 곧 어린 양의 아내(21:9)
- 하늘에서 내려오는 거룩한 성 예루살렘(21:10)
- 이마에 하나님과 어린 양 이름이 있는 자(22:5)

이것을 종합하면, 이기는 자 = 신부 곧 어린양의 아내 = 하늘의 거룩한 성 예루살렘 = 이마에 예수 이름이 있는 자다.

이것은 같은 의미다. 곧 하나를 말하고 있다. 새 하늘과 새 땅에 들어가는 자는 한마디로 참된 그리스도인 144,000 곧 끝까지 믿음을 지킨 자들이다. 온전한 신부다.

반대로 새 하늘과 새 땅에 들어가지 못하는 자는 누구인가?

"그러나 두려워하는 자들과 믿지 아니하는 자들과 흉악한 자들과 살인자들과 음행하는 자들과 점술가들과 우상 숭배자들과 거짓말하는 모든 자들은 불과 유황으로 타는 못에 던져지리니 이것이 둘째 사망이라"(21:8).

"무엇이든지 속된 것이나 가증한 일 또는 거짓말하는 자는 결코 그 리로 들어가지 못하되…"(21:27).

"개들과 점술가들과 음행하는 자들과 살인자들과 우상 숭배자들과 및 거짓말을 좋아하며 지어내는 자는 다 성 밖에 있으리라"(22:15).

21-22장에서 중요한 단어는 '거룩한 성 새 예루살렘'과 '성전' 그리고 '생명'이다.

이것이 새 하늘과 새 땅의 핵심이다. 먼저 거룩한 성 예루살렘과 성전을 자세히 살펴보라.

거룩한 성 새 예루살렘은 신부 곧 어린 양의 아내라고 되어 있으며(21:9) 성전은 하나님과 어린 양이라고 되어 있다(21:22). 다시 말해서 거룩한 성 새 예루살렘과 성전은 건물이 아니다. 성경에서 보여준 예루살렘과 성전은 모형이요 상징임을 알 수 있다. 다시 말해서 새 하늘과 새 땅에서 하나님과 성도가 함께 살아가는 모습을 보여준다. 곧 불순종으로 말미암아 쫓겨났던 에덴의 회복이다. 새로운 에덴의 삶이 시작되는 것이다.

거룩한 성 예루살렘의 영화롭고 아름다운 최고의 모습은 어린 양의 아내 곧 신부의 아름다운 모습을 보여주는 것이다. 결혼 예복을 입은 모습이요. 의의 면류관을 쓴 모습이다.

이는 한마디로 완벽한 모습이요 하나님 보시기에 심히 아름다운 모습이다. 예루살렘은 평화다. 새 하늘과 새 땅은 완전한 평화다.

그리고 생명수 강과 생명나무 열매가 나온다. 새 하늘과 새 땅의 삶은 영생이다.

할렐루야!

마지막 말씀

이렇게 요한계시록은 막을 내린다.

예수님은 마지막으로 다음 세 가지를 밝히 말씀하신다.

"이 책의 예언의 말씀을 지키라"(22:6-9).

"이 책의 예언의 말씀을 인봉하지 말라"(22:10-17).

"이 책의 예언의 말씀을 가감하지 말라"(22:18-21).

"내가 이 두루마리의 예언의 말씀을 듣는 모든 사람에게 증언하노니 만일 누구든지 이것들 외에 더하면 하나님이 이 두루마리에 기록된 재앙들을 그에게 더하실 것이요 만일 누구든지 이 두루마리의 예언의 말씀에서 제하여 버리면 하나님이 이 두루마리에 기록된 생명나무와 및 거룩한 성에 참여함을 제하여 버리시리라"(22:18-19).

그동안 교회는 요한계시록을 인봉하여 일부 사람들의 전유물로 여겨왔다. 그러다 보니 거짓된 자들 또는 이단들이 그 틈을 이용하여 수많은 영혼들을 도적질해왔다. 이제라도 교회 특히 주의 종들은 요한계시록을 널리 자주 가르치고 전해야 한다.

요한계시록은 사랑에서 나온 주님의 메시지다. 사랑이란 단어는 깊다. 사랑에서 의가 나온다. 사랑에서 선이 나온다. 사랑에서 평화가 나온다. 사랑에서 생명이 나온다. 이 사랑은 세상이 말하는 사랑이 아니다. 질이 전혀 다르다.

하나님을 사랑하고 이웃을 사랑하지 않는 자는 다 불 못에 들어간다. 이긴다는 말은 끝까지 하나님을 사랑하고 이웃을 사랑하는 것이다. 믿음은 사랑에서 나오는 것이다.

주 예수여, 오시옵소서!
곧 오실 그리스도 예수를 맞이할 신부가 되라!

깨어 있는 자만이 예수님의 신부가 된다.

준비하고 있는 자만이 예수님의 신부가 된다.

끝까지 이기는 자만이 예수님의 신부가 된다.

끝까지 믿음을 지키는 자만이 예수님의 신부가 된다.

끝까지 하나님의 말씀과 예수님의 계명을 지키는 자가 예수님의 신부가 된다.

성경은 하나님의 선포요 하나님의 메시지다.

성경의 메시지를 한마디로 말한다면 "오실 그리스도 예수를 맞이할 준비를 하라"이다. 구약도 신약도 모두 오실 예수를 맞이하도록 선포하고 있다.

구약은 초림 예수를 맞이할 준비를 하게 한다. 신약은 재림 예수를 맞이할 준비를 하게 한다.

신실한 하나님의 백성은 오직 오실 그리스도 예수를 기다리며 이 땅에서 살아간다. 오직 하나님의 선언을 붙잡고 살아간다. 참된 교회는 예수 그리스도를 통해 이뤄질 하나님 나라를 기대하며 세상의 빛으로 살아간다. 하나님 나라는 오직 오실 그리스도 예수를 기다리는 자들의 것이다.

우리는 가난하고 보잘것없는 존재로 이 세상에서 철저히 소외

받던 두 소경을 잘 안다. 그들은 오로지 오실 그리스도를 기다리며 하루하루를 소망 중에 살아갔음을 본다.

또한 남부러울 것이 없는 물질적 풍요 속에서도 재물에 소망을 두지 않고 오로지 오실 그리스도를 기다리며 살아간 아리마대 요셉 같은 사람도 보게 된다.

그런가 하면 착각 속에 살아가는 사람도 있다.

자신은 분명히 하나님 나라에 들어갈 것이라고 확신하며 살았던 부자다. 그는 자신의 집에서 나오는 음식물찌꺼기를 먹으며 병들어 있는 거지 나사로를 보았음에도 전혀 거들떠보지 않고 오직 자신의 배와 자기 쾌락만을 위해서 살아간 부자였다.

우리는 지금 어떤가?
과연 하나님 나라에 대해 얼마나 관심이 있는가?
다시 오실 예수 그리스도를 얼마나 사모하고 기다리는가?

주님 다시 오실 때까지

주님 다시 오실 때까지
나는 이 길을 가리라

좁은 문 좁은 길

나의 십자가 지고

나의 가는 이 길 끝에서

나는 주님을 보리라

영광의 내 주님

나를 맞아 주시리

주님 다시 오실 때까지

나는 일어나 달려가리라

주의 영광 온 땅 덮을 때

나는 일어나 노래하리

내 사모하는 주님

온 세상 구주시라

내 사모하는 주님

영광의 왕이시라

키워드로 쉽게 푸는
요한계시록 강해

이기는자가 되라

부록(교재)

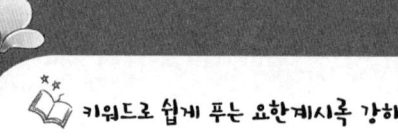

Q. 기독교 역사의 중심 인물인 칼빈은 왜 계시록을 주석하지 못하고 보지도 못하게 했을까요?

→ 신학적 한계 등

1. 요한계시록에 대한 이해
- 가장 궁금해하는 책이다.
- 가장 어려운 책으로 알고 있다.
- 가장 많이 악용되는 책이다(이단 등).

2. 요한계시록 해석 원칙
- 1원칙-계시록 안에서 해석하라(계시록 안에 답이 있다).
- 2원칙-다른 책(성경)은 참고를 하라(다른 책은 확증하게 한다).
- 3원칙-중심단어를 찾으라(중심단어가 해석의 실마리를 풀어준다).

3. 요한계시록의 중심단어
- 지키는 자(1:3, 2:14, 15, 26, 3:3, 8, 10, 12:17, 14:12, 22:7)
- 이기는 자(2:7, 11, 17, 26, 3:5, 12, 21, 5:5, 6:2, 11:7, 12:8, 11, 13:7, 15:2, 17:14, 21:7)

4. 주제
- 오실 예수 그리스도를 맞이할 준비를 하라!
- 예수님을 맞이할 교회가 되라!
- 신랑을 맞이할 신부가 되라!
- 끝까지 계명을 지키라!
- 이기는 자가 되라!

5. 주요 상징적 표현
- 일곱 교회, 금 촛대, 별, 영, 등불, 눈, 뿔, 천사, 인, 나팔, 대접, 우레, 재앙, 머리, 왕, 산
- 인 맞은 자 144,000/짐승의 표 666
- 여자/음녀
- 용/어린 양
- 두 감람나무/ 두 짐승
- 첫째 부활/둘째 사망
- 천년 왕국/곡과 마곡
- 큰 성 바벨론/거룩한 성 예루살렘

6. 구조
1) 서론(1:1-8)
- 누가
- 누구에게
- 무엇을

2) 본론(1:9-22:5)
 a) 1:9-3:22
 b) 4:1-18:24
   - 4:1-6:17
   - 7:1-9:21
   - 10:1-18:24
 c) 19:1-22:5
 - 20:1-20:15

- 21:1-22:5

3) 결론(22:6-21)

a)

b)

c)

키워드 설교- 요한계시록 서론(1:1-8)
주제: 예수님을 맞이할 교회가 되라!

제목: 요한계시록은

계시다 = 보이신 것이다 = 알게 하신 것이다

1. 요한계시록은 예수 그리스도의 계시입니다(1-2절)
   - 하나님-예수-종들에게 / 천사-요한에게
   - 일어날 일들 = 하나님의 말씀 = 예수의 증거 = 본 것 = 예언의 말씀 = 기록한 것

2. 요한계시록은 복의 계시입니다(3절)
   - 읽는 자
   - 듣는 자
   - 지키는 자

3. 요한계시록은 교회에게 주신 계시입니다(4-6절)
   - 교회의 정체성

4. 요한계시록은 재림의 계시입니다(7절)

'구름을 타고'

'각 사람의 눈이 그를 보겠고'

'그를 찌른 자들도 볼 것이요'

'땅에 있는 모든 족속이 그로 말미암아 애곡하리니'

5. 요한계시록은 깨어 있음의 계시입니다(1,3,8절)

'반드시 속히'(1절)

'때가 가까움이라'(3절)

'나는 알파와 오메가라 이제도 있고 전에도 있었고 장차 올 자요 전능한 자라'(8절)

키워드로 쉽게 푸는 요한계시록 강해

키워드 설교-요한계시록(1:9-3:22)
주제: 예수님을 맞이할 교회가 되라!

★제목:
★중심단어:

1. 요한은 계시를 어떻게 받았는가?(1, 9-20)
 1) 어떤 상태에서
 2) 어디서
 3) 언제
 4) 어떻게
 5) 무엇을
 6) 누가

2. 예수님의 모습은?

3. 일곱 교회의 의미는?
 1) 일곱의 성경적 의미

부록

2) 일곱 교회를 향한 메시지

_____
_____
_____

4. 결론적으로 일곱 교회란 완전한 교회를 의미한다.
 ① 성경적 의미가 말해 준다.
 ② 본문 내용이 한결 같이 입증하고 있다.
 ③ 이기는 것이 곧 완전, 완성, 거룩함이다.

*일곱 교회를 향한 계시

	이기는 자				특징
	이기는 것	이겨야 할 것	이기는 방법	이기는 자의 상	
에베소 교회					
서머나 교회					
버가모 교회					
두아디라 교회					
사데 교회					
빌라델비아 교회					
라오디게아 교회					

* 144,000에 대하여

1. 주장들
 1) 문자적 의미와 문자적 수
 2) 문자적 의미와 상징적 수
 3) 영적 의미와 문자적 수
 4) 영적 의미와 상징적 수
 5) 자신의 교회나 집단에 한정시키는 의미와 수

2. 왜 144,000을 이스라엘이라고 했을까?

3. 왜 12지파 중에서 단 지파와 에브라임 지파가 빠져 있을까?

4. 144,0000이 나와 있는 장을 살펴보자.
 1) 7장

2) 14장

3) 21장

결론)

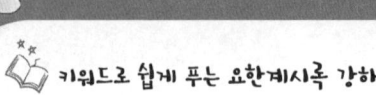

키워드 설교-요한계시록(4-5장)
주제: 예수님을 맞이할 교회가 되라!

* 제목:
* 중심단어:

1. 요한계시록과 에스겔서를 먼저 비교해 보라.

　1) 기록자에 대한 비교

	제사장 에스겔	사도 요한
계시받은 장소		
이름 뜻		
사역		

　* 공통점 - 고난(환난)을 이긴 자/강한 사람/종말의 메신저
　* 보아네게 - 심판을 알리는 사람으로 작정됨/사랑과 심판의 관계

　2) 내용에 대한 비교
　　① 상징적 이해
　　② 순서적 이해

2. 경배의 모습
　1) 경배의 대상과 그 모습
　　①
　　②

2) 경배하는 자들과 그 모습
　①
　②
　③
　④

3) 경배내용

　․․․
　․․․
　․․․
　․․․
　․․․

4) 경배 받으시기에 합당한 이유
　①
　②

키워드 설교-요한계시록(6장)
주제: 예수님을 맞이할 교회가 되라!

* 제목:
* 중심단어:

1차 재앙(심판)

일곱 인	재앙 내용	의미
첫째 인		
둘째 인		
셋째 인		
넷째 인		
다섯째 인		
여섯째 인		

* 주요논쟁:

'이리로 올라오라'(4:1)

....
....
....
....
....

'흰 말 탄 자'(5:2)

....
....
....
....
....

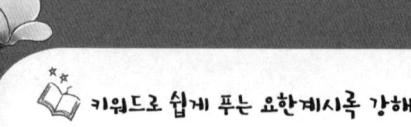

키워드 설교-요한계시록(7-9장)
주제: 예수님을 맞이할 교회가 되라!

★ 제목:
★ 중심단어:

1. 144,000 인친 이유는?(7:1-4, 9:4,14-15)

2. 2차 재앙(8-9장)
 1) 이유(8:3-4)

 2) 방법(8:5)

2차 재앙(심판)

일곱째 인	재앙 내용	장소와 재앙 정도
첫째 나팔		땅/땅,식물⅓
둘째 나팔		바다/생물,배⅓
셋째 나팔		강/강,물⅓
넷째 나팔		하늘/해,달,별⅓
다섯째 나팔		사람 5개월간 고통 * 별과 무저갱: * 황충들과 왕:
여섯째 나팔		사람⅓죽음 남은 자

※ 화 화 화(세 번의 화)는?(8:13)

키워드로 쉽게 푸는 요한계시록 강해

키워드 설교-요한계시록(10-13장)
주제: 예수님을 맞이할 교회가 되라!

* 제목:
* 중심단어:

* 7년 대환난
1) 의미
2) 시기
3) 근거
 (계 11:2,3 12:6,14 13:5; 단 9:27, 7:25, 12:7; 마 24:15-28; 눅 21:20-24; 살후 2:3-4)
 . 전 3년 반(계 11:2-6, 12:1-16; 마 24:15-28; 눅21:20-24) -
 . 후 3년 반(계 11:7-13, 12:17, 13:1-18) -
4) 이유
 (단 12:10; 계 12:6,14, 13:9-10)

1. 작은 두루마리(10장)
 1) 무엇을 의미하는가?
  . 하나님의 위엄으로부터 온 것(1-3절)
  . 일곱째 나팔을 불 때 이루어질 하나님의 비밀(4-7절)
  . 입에는 다나 배에서는 쓴 것(8-10절)
  . 온 세상에 다시 전할 예언(11절)

2) 왜 "인봉하고 기록하지 말라, 지체하지 아니하리라"고 했을까?(4, 6절)

_____

_____

2. 세 사건(11장)
 1) 예루살렘의 짓밟힘 당함(1-2절)
 2) 두 선지자의 증언(3-14절)
 3) 일곱째 천사나팔 소리(15-19절)

3. 영적 전쟁(12장)
 1) 여자
  . 1절
  . 2,5-6절

 2) 용
  . 3-4절
  . 7-9절
  . 10-17절

 3) 여자의 남은 자손
  . 17절

 * **양육의 비밀**(12:6; 사 10:20-27; 딛 2:11-14)
  - 고난과 양육

4. 두 짐승과 666(13장)

  1) 바다에서 나온 짐승(1-10절)

  2) 땅에서 나온 짐승(11-18절)

* 666은?

1. 매매를 위한 표가 아니지만 매매를 하는 데 이용한다 (16-17상반절)

2. 짐승의 이름 또는 그 이름의 수다(17하반절) ↔ 하나님의 이름(14:1, 22:4)

3. 사람의 수다(18절)

  1) 표범과 비슷하고 곰의 발 같고 사자의 입 같은(13:2; 단 7:3-7)

  2) 여덟째 왕이니 일곱 중에 속한 자라(13:1, 17:7,10,11)

  3) 이전에 있었다가 지금은 없으나 장차 나올 짐승(17:8; 단 3:1)

키워드로 쉽게 푸는 요한계시록 강해

키워드 설교-요한계시록(14-18장)
주제: 예수님을 맞이할 교회가 되라!

* 제목:
* 중심단어:

📖 14장 마지막 재앙(심판)을 알리는 <u>소리</u>

1. 144,000의 새 노래(1-5절)
  1) 왜 이곳에 기록했을까?

  2) 어떤 자들인가?

  _____
  _____
  _____

2. 천사들의 음성(6-20절)
  1) (6-7절)
  2) (8절)
  3) (9-11절)
  4) (13절)
  5) (14-16절)
  6) (17-20절)

* 짐승과 그의 우상에게 경배하거나 그의 이름표(666)를 받는 자의 벌(10-11절)

　①
　②
　③

* 하나님의 계명과 예수 믿음 지키는 자의 상(12-13절)

* '구름 위에 앉으셨다'는 의미는?(14-15절)

🕮 15장 마지막 재앙(심판)을 알리는 하늘의 증거

'마지막 재앙이라.'
'이것으로 마치리로다.'

1. 7년 대환난(박해)에서 이긴 자들의 노래를 통해 증거(2-4절)

　1) (16:7; 롬 2:2)
　2) (16:5,7; 롬 2:5)
　　'주의 의로우신 일이 <u>나타났으매</u>'(4절)

2. 하나님의 진노를 가득 담은 일곱 대접을 일곱 천사에게 주는 증거(5-8절)

_____

_____

'일곱 천사의 일곱 재앙이 마치기까지는 성전에 능히 들어갈 자가 없더라'

📖 16장 마지막 재앙(심판)

'쏟으라' '쏟으매'

일곱째 나팔	재앙 내용	장소
첫째 대접		땅
둘째 대접		바다
셋째 대접		강과 물 근원
넷째 대접		해
다섯째 대접		짐승의 왕좌
여섯째 대접		큰 강 유브라데
일곱째 대접		공중

※ 마지막 재앙의 특징은?

📖 17-18장 큰 음녀, 큰 바벨론의 심판

1. 큰 음녀의 정체(17장)

Q. 과연 누구인가?

① 세상적 교회(종교)

② 정치적 교회(종교)

③ 통합(혼합)적 교회(종교)

④ 마귀(적그리스도)적 교회(종교)

　　　　　　　　　　　　　　　　　　　　　　　　　　
　　　　　　　　　　　　　　　　　　　　　　　　　　

2. 큰 음녀의 멸망(18장)

Q. 어떻게 멸망당하는가?

　① 행한 대로 - '　　　　　　　　　　'(6,7절)
　② 순식간에 - '　　　　　　　　　　'(8,10,17절)
　③ 완전히 - '　　　　　　　　　　'(14,21,22,23절)

※ 큰 음녀의 심판은?(18:20,24, 19:2)

　　　　　　　　　　　　　　　　　　　　　　　　　　
　　　　　　　　　　　　　　　　　　　　　　　　　　

※ 하나님 백성들에게 하신 주의 말씀은?(18:4,20)

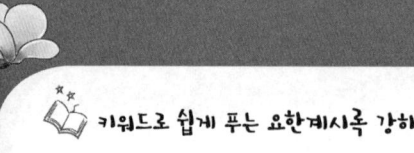

키워드 설교-요한계시록(19-22장)
주제: 예수님을 맞이할 교회가 되라!

* 제목:
* 중심단어:

19장 그리스도의 재림

1. 하나님의 통치에 대한 경배(1-10절)
 1)
 2)
 3)
  * 어린 양의 신부 자격-옳은 행실

2. 만국을 다스릴 백마 탄 자(11-21절)
 1) 백마 탄 자의 이름
   . (11절)
   . (13절)
   . (16절)
 2) 하나님의 큰 잔치
 3) 첫 번째 불못 심판(영원한 심판)

20장 천년 왕국과 영원한 심판(불못 심판)

1. 천년 왕국(1-6절)
 1) (1-3절)
 2) (4-6절)
* 왜 첫째 부활에 참여한 자가 복이 있고 거룩하다고 할까?(고전 15:23-28; 살전 4:16-17)

2. 영원한 심판(7-15절)
 1) 곡과 마곡 전쟁(7-10절)

 ....
 ....

 2) 마귀의 심판(10절)
 3) 생명책에 기록되지 못한 자의 심판(11-15절; 요 5:27-29)
 4) 사망과 음부의 심판(14절)

*둘째 사망과 둘째 부활

📖 21-22장 새 하늘과 새 땅

Q1. 새 하늘과 새 땅에 사는 자들은?(21:7, 22:4)

_____
_____
_____

Q2. 새 하늘과 새 땅에 들어가지 못하는 자들은?(21:8,27, 22:15,18-19)

_____
_____
_____

새 하늘과 새 땅은

* (　　　　　) - '새"만물을 새롭게 하노라'(21:5)
* (　　　　　　) - '이루었도다'(21:6)
* (　　　　　　　) - '하나님의 영광'(21:11, 23, 22:5)

1. 거룩한 성 새 예루살렘(21:1-21)

 1) 이기는 자 = (　　　　　) = (　　　　　　)
 2) 열두 문 = (　　　　) = (　　　　　　) = 열두 진주
 3) 열두 기초석 = (　　　　　) = 열두 보석
 4) 성 측량 = (　　　　　) 길이와 너비와 높이가 같음
 5) 성곽 측량 = (　　　) = (　　　　) = (　　　　　)

※ 공통점:

....
....
....
....

2. 새 성전(21:22-27)

  성전 = (   )

3. 새 에덴(22:1-5)

  1)
  2)
  3)

* 예수님의 마지막 말씀(6-21절)

  1)
  2)
  3)

종합

1:1-8 서언
1:9-3장 교회여 완전하라!(교회여 이기는 자가 되라)
4-6장 1차 재앙
7-9장 144,000인침과 2차 재앙
10-13장 마지막 재앙 전에 일어날 일(7년 대 환난=교회 대박해 / 이스라엘 돌아옴) / 666
14-18장 마지막 재앙(교회핍박에 대한 심판)
19-22장 하나님 나라(그리스도 재림, 천년 왕국, 불못 심판, 새 하늘과 새 땅)
22:6-21 결언

    a. 이 책의 예언의 말씀을 지키라(6-9절)
    b. 이 책의 예언의 말씀을 인봉하지 말라(10-17절)
    c. 이 책의 예언의 말씀을 가감하지 말라(18-21절)

키워드로 쉽게 푸는 요한계시록 강해
이기는 자가 되라

1판 1쇄 인쇄 _ 2016년 6월 15일
1판 1쇄 발행 _ 2016년 6월 20일

지은이 _ 이재문
펴낸이 _ 이형규
펴낸곳 _ 쿰란출판사

주소 _ 서울특별시 종로구 이화장길 6
편집부 _ 745-1007, 745-1301~2, 747-1212, 743-1300
영업부 _ 747-1004, FAX 745-8490
본사평생전화번호 _ 0502-756-1004
홈페이지 _ http://www.qumran.co.kr
E-mail _ qrbooks@gmail.com / qrbooks@daum.net
한글인터넷주소 _ 쿰란, 쿰란출판사
등록 _ 제1-670호(1988.2.27)
책임교열 _ 최진희, 김유미

© 이재문 2016 ISBN 978-89-6562-895-8 93230

책값은 뒤표지에 있습니다.
이 출판물은 저작권법에 의해 보호를 받는 저작물이므로 무단 복제할 수 없습니다.
파본(破本)은 구입처에서 교환해 드립니다.